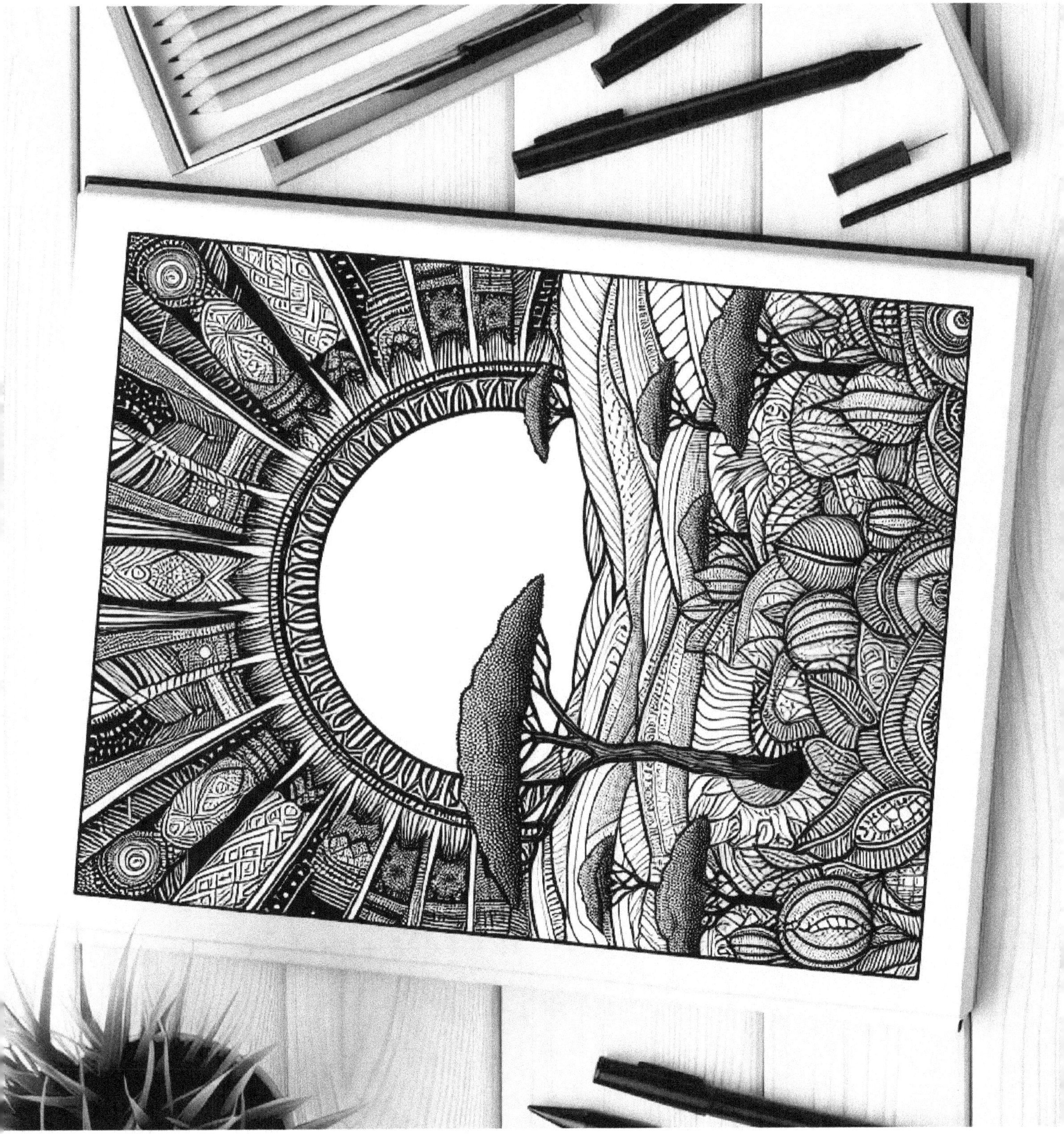

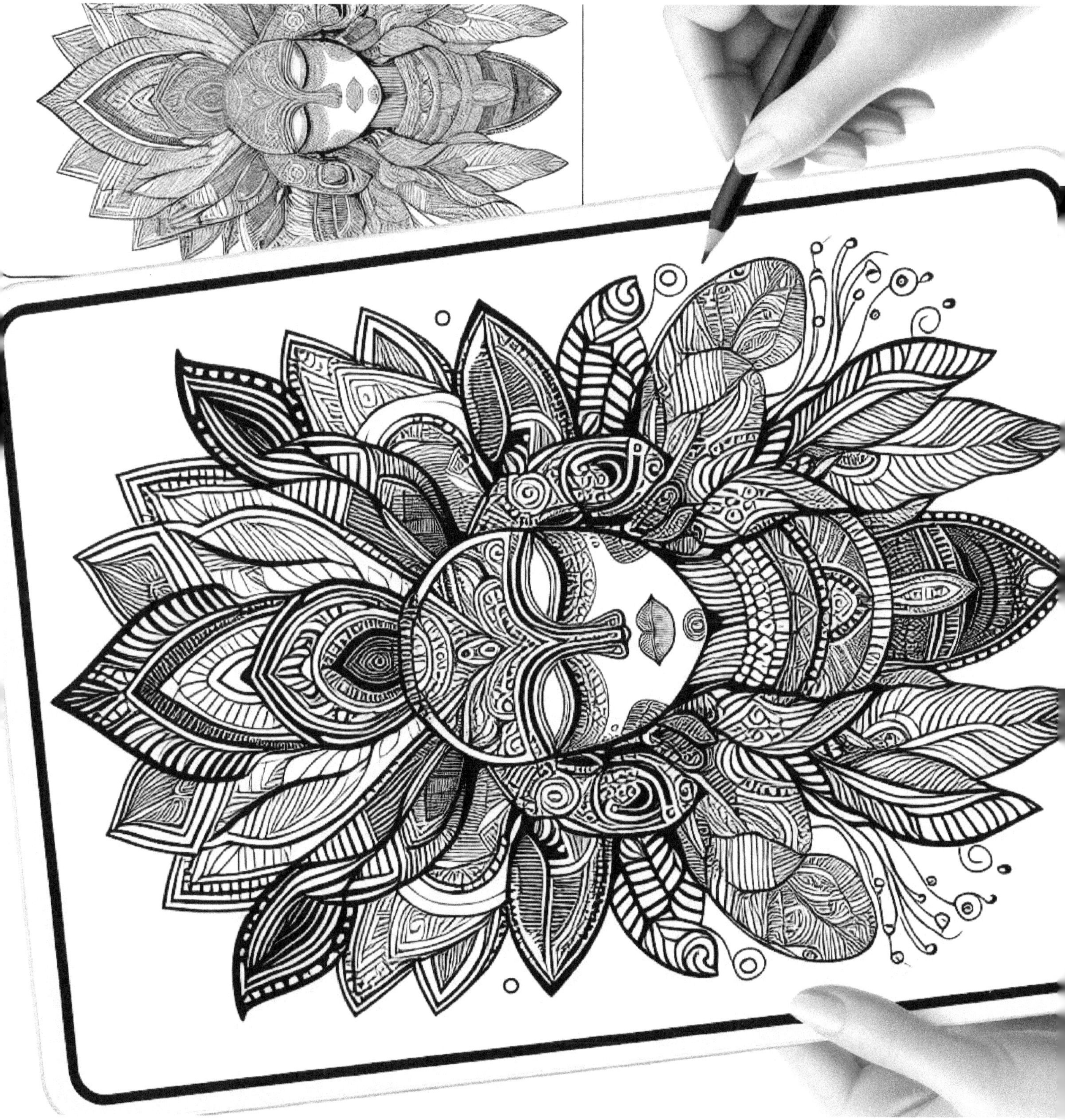

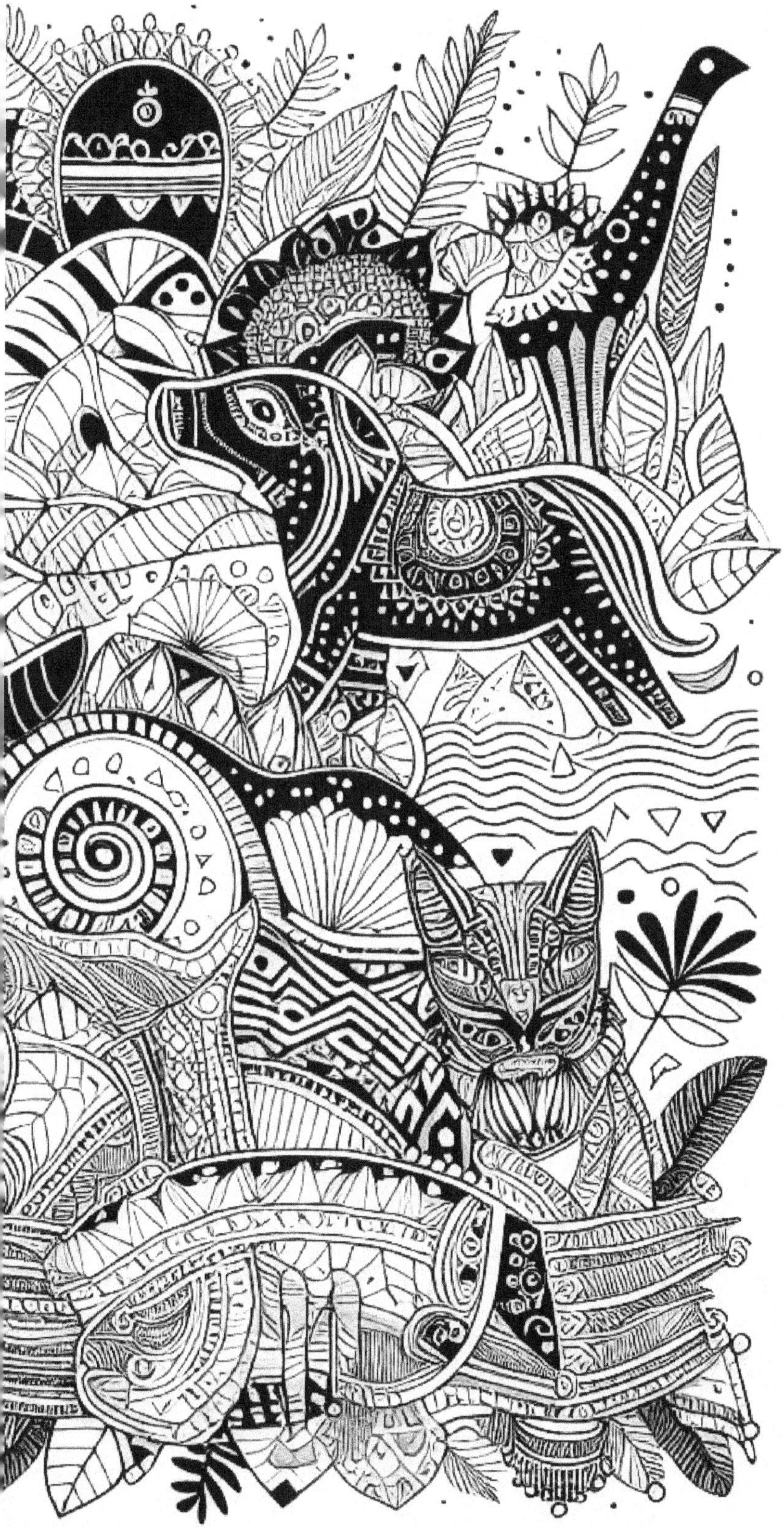

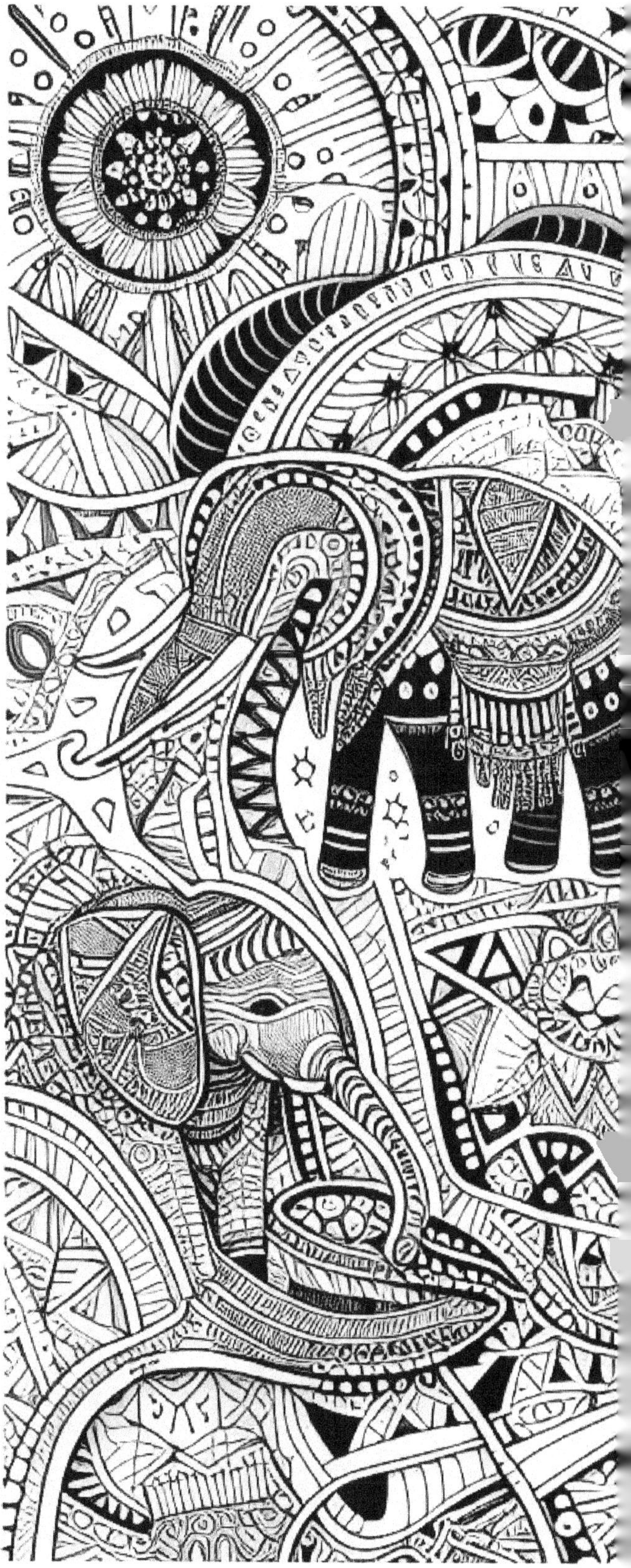

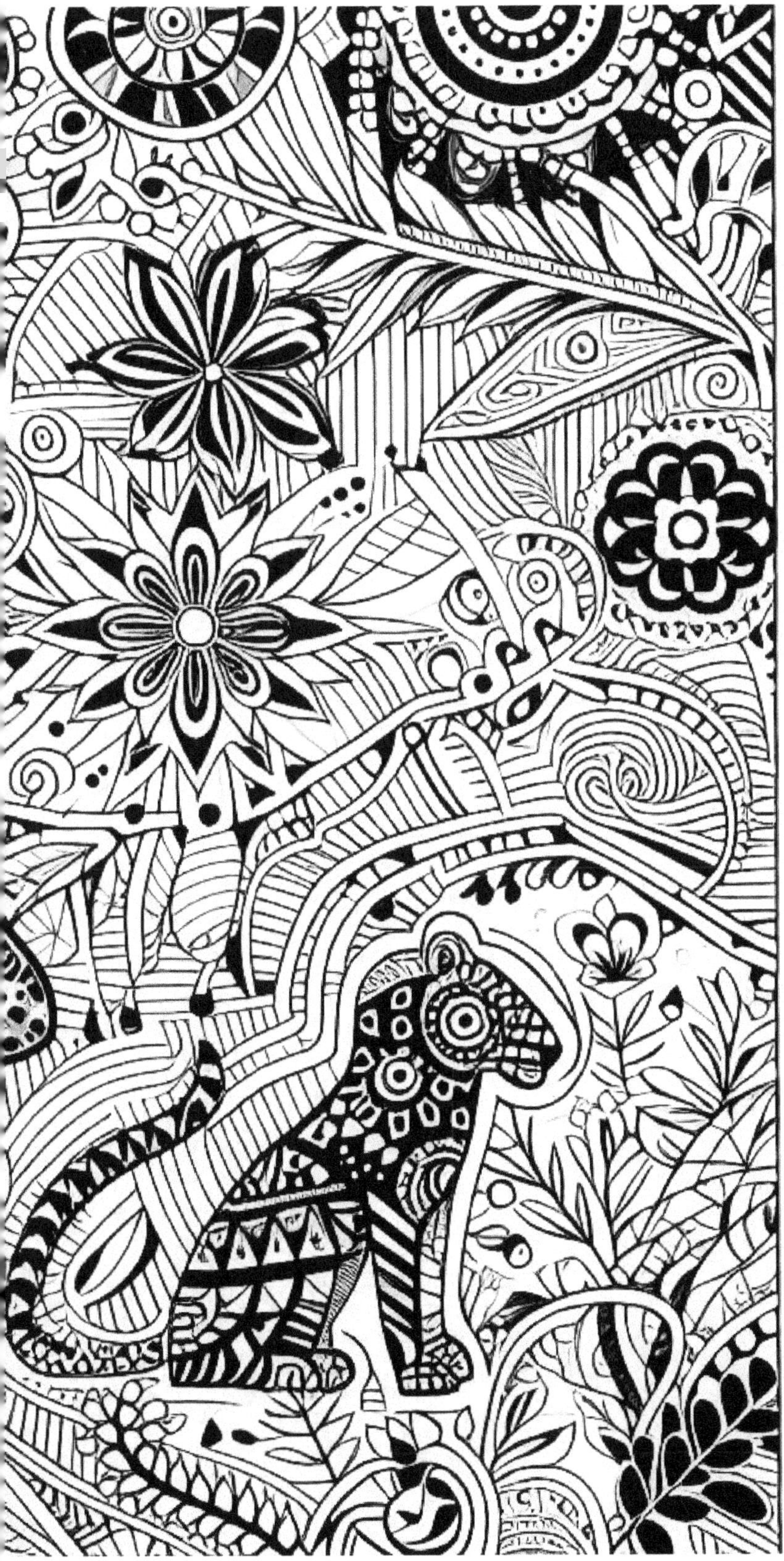
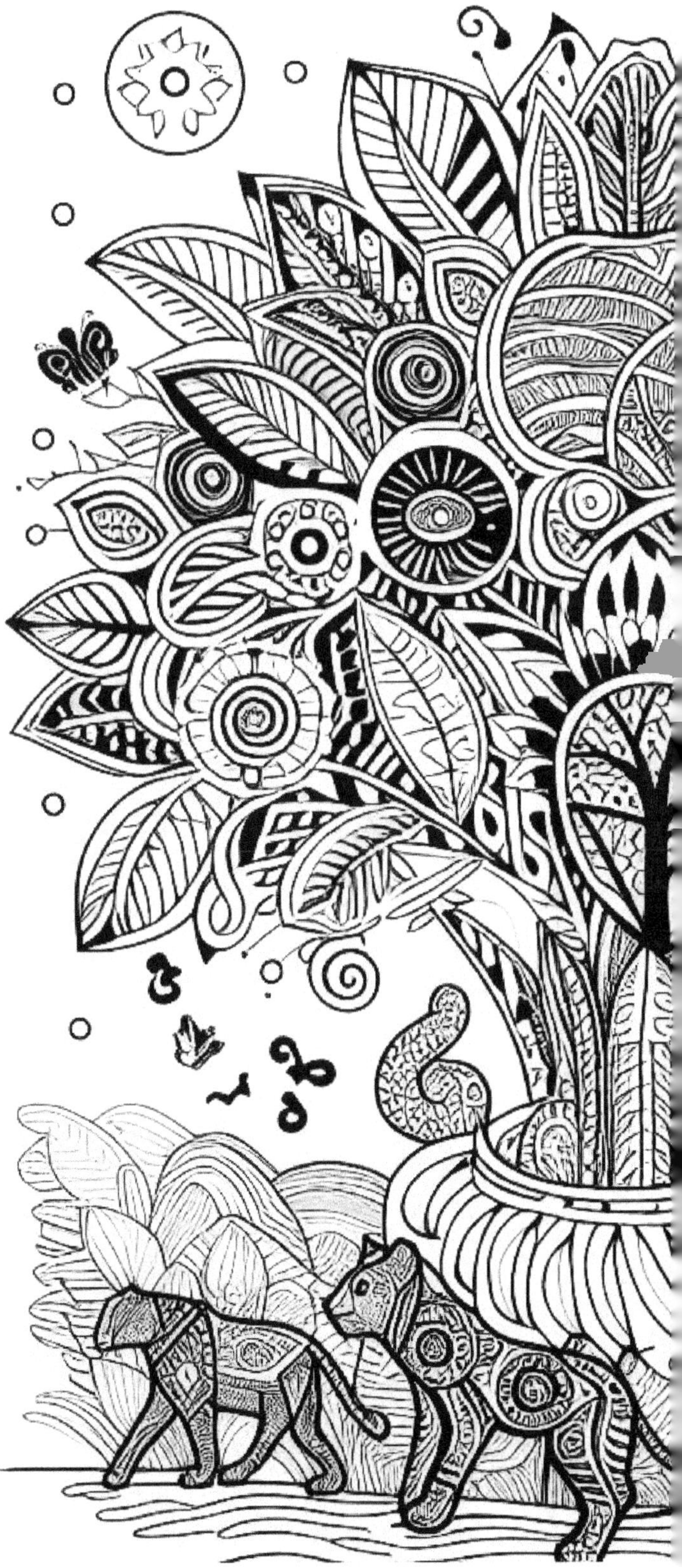

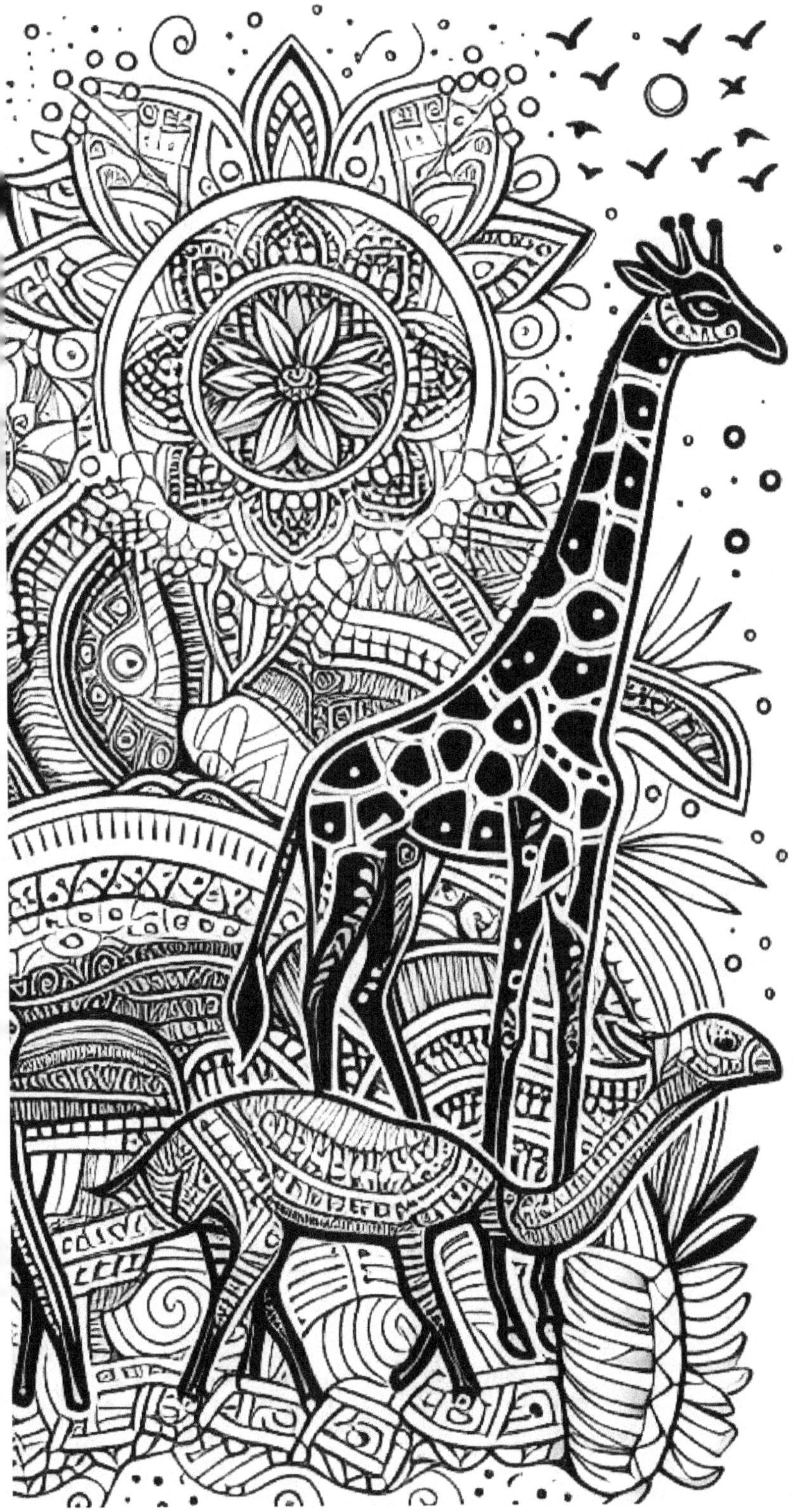
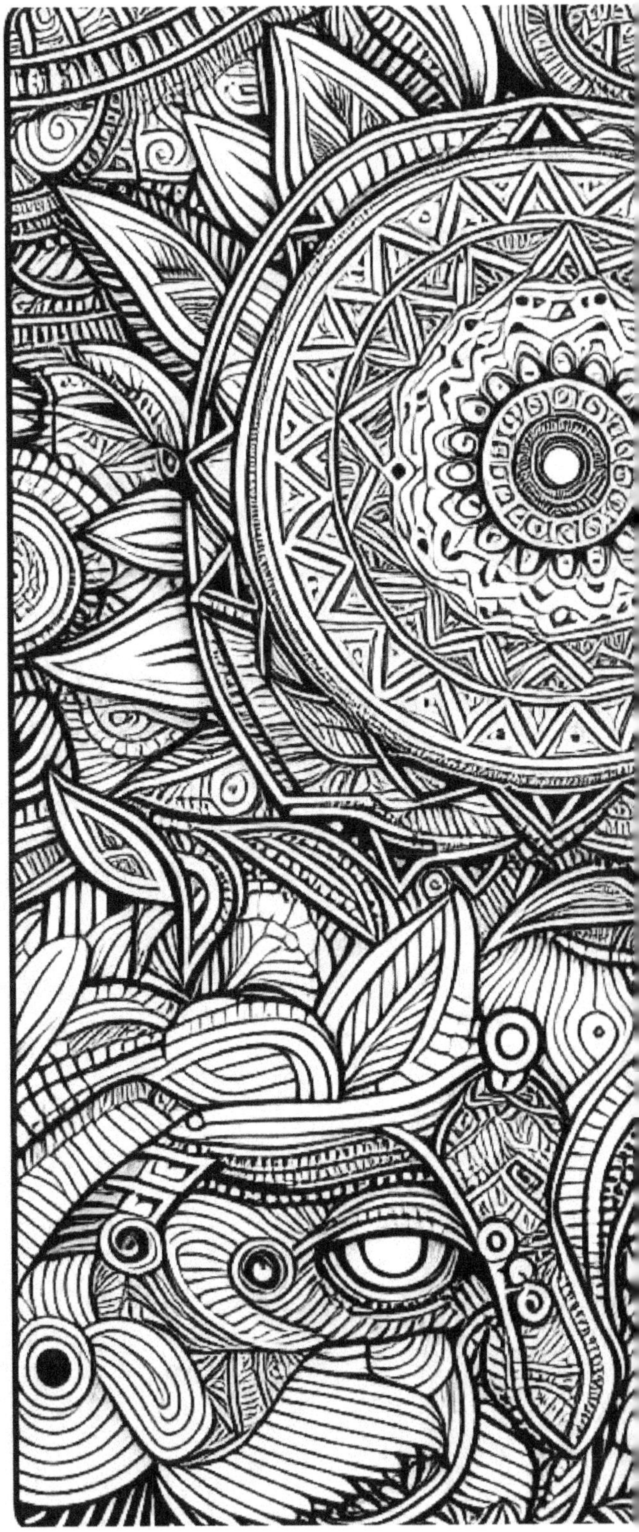

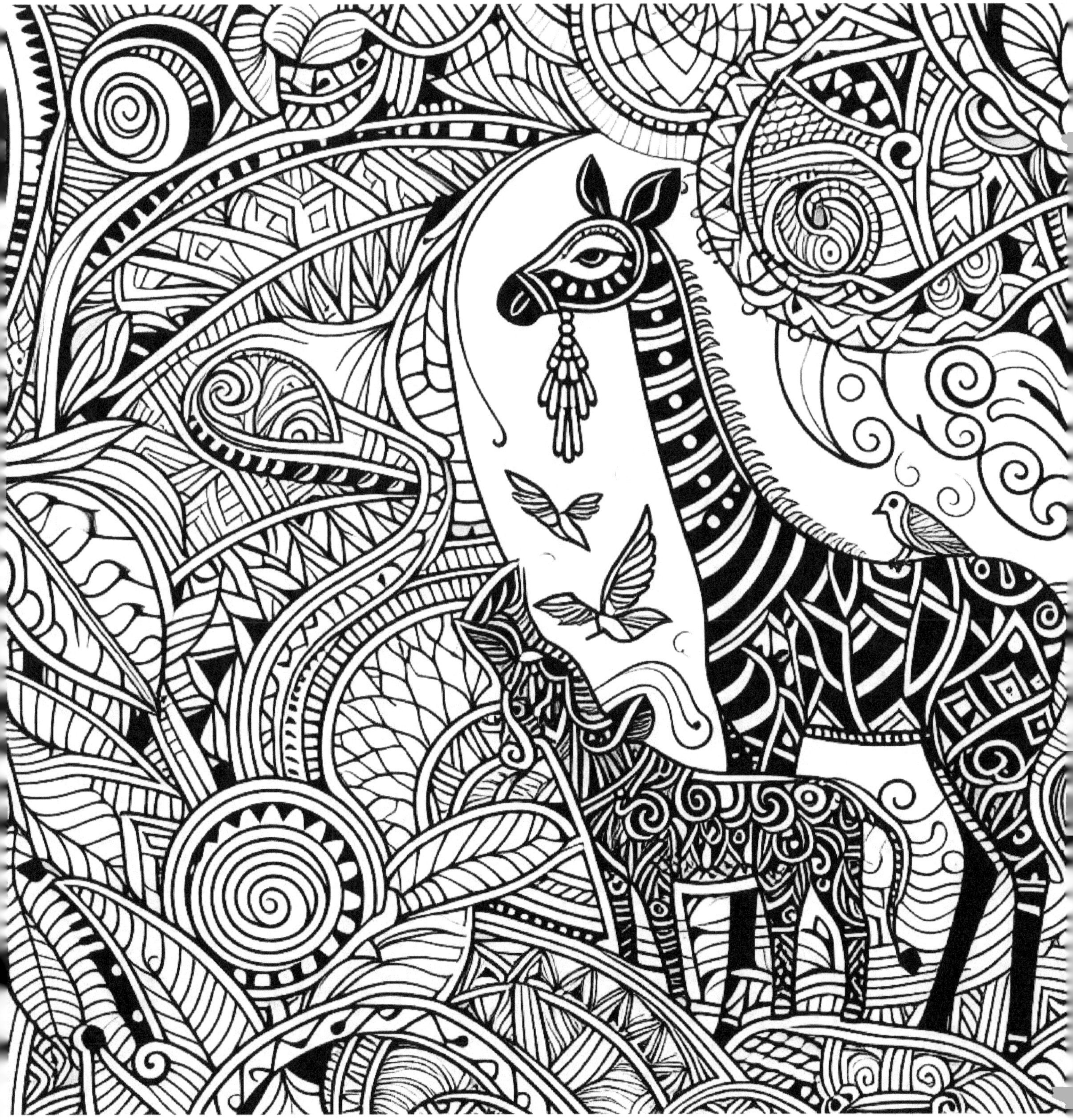

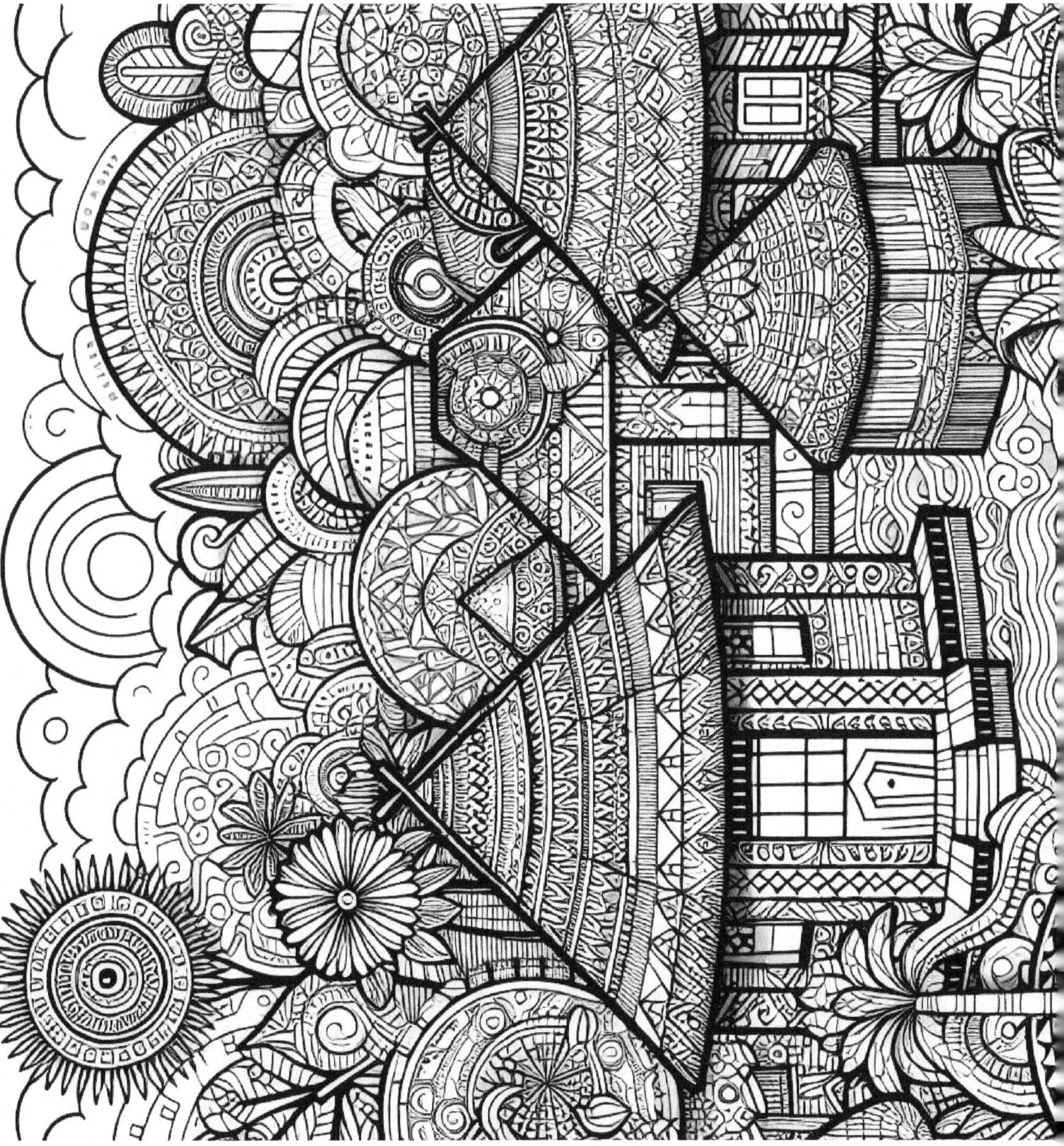

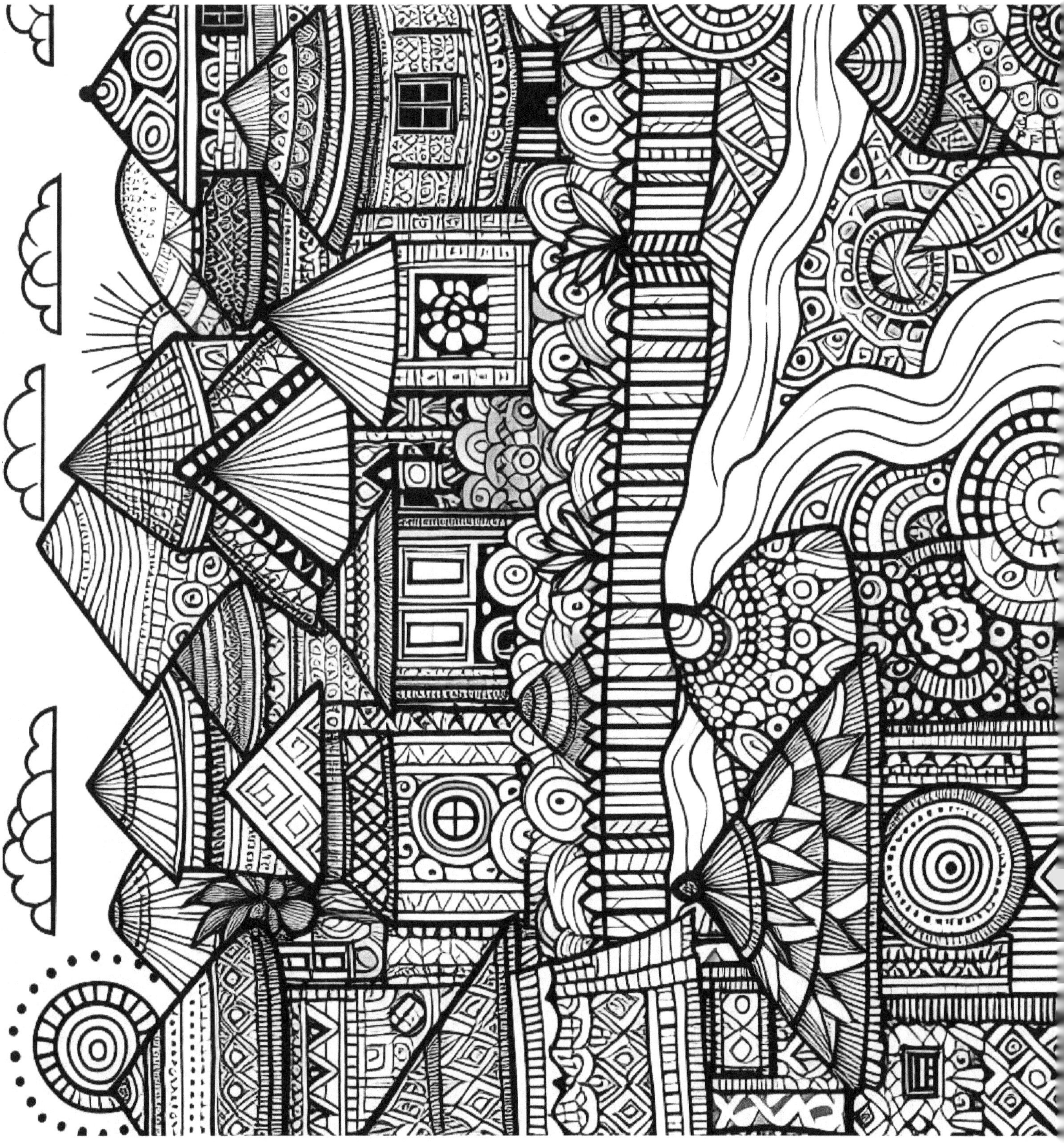

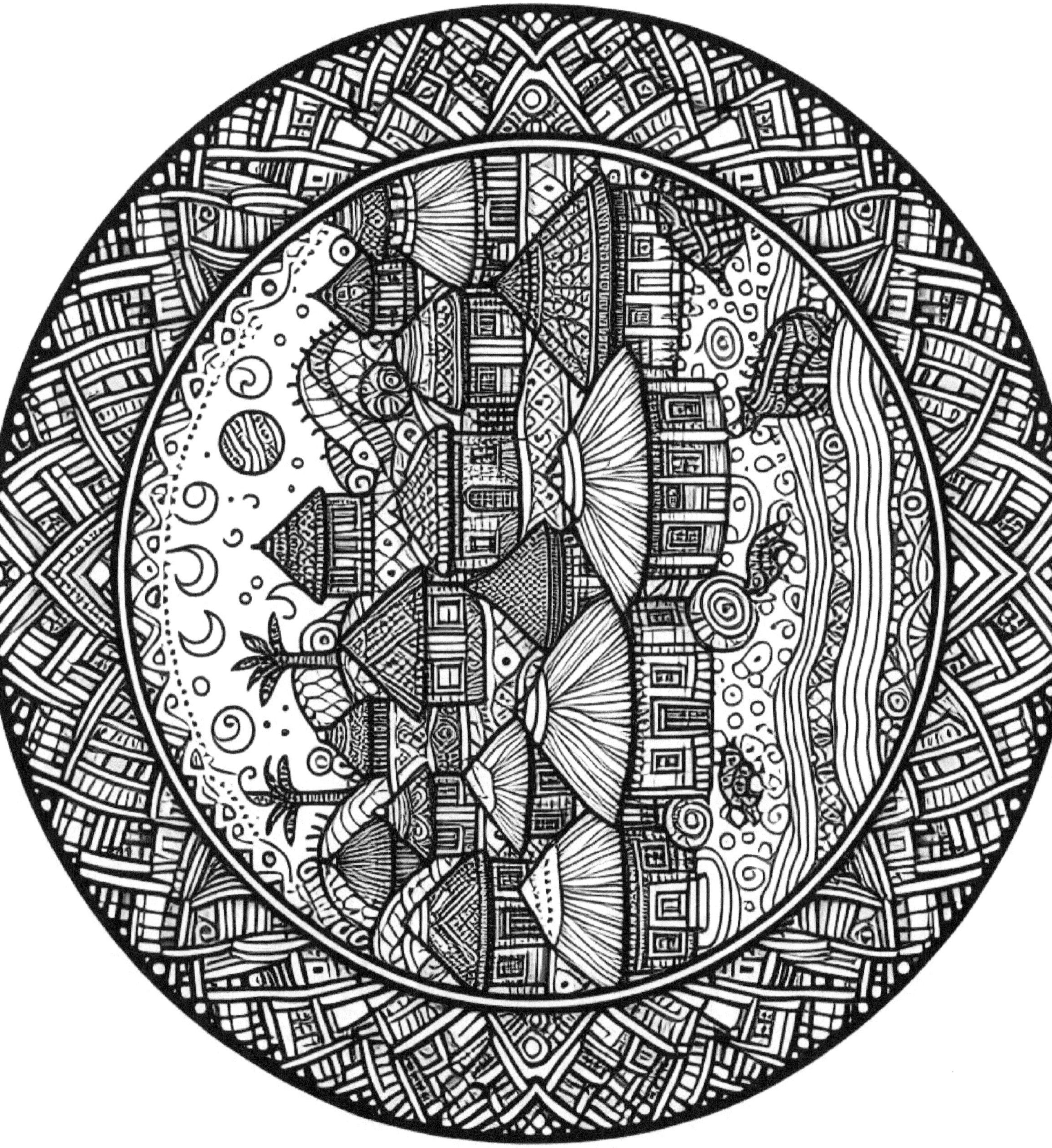

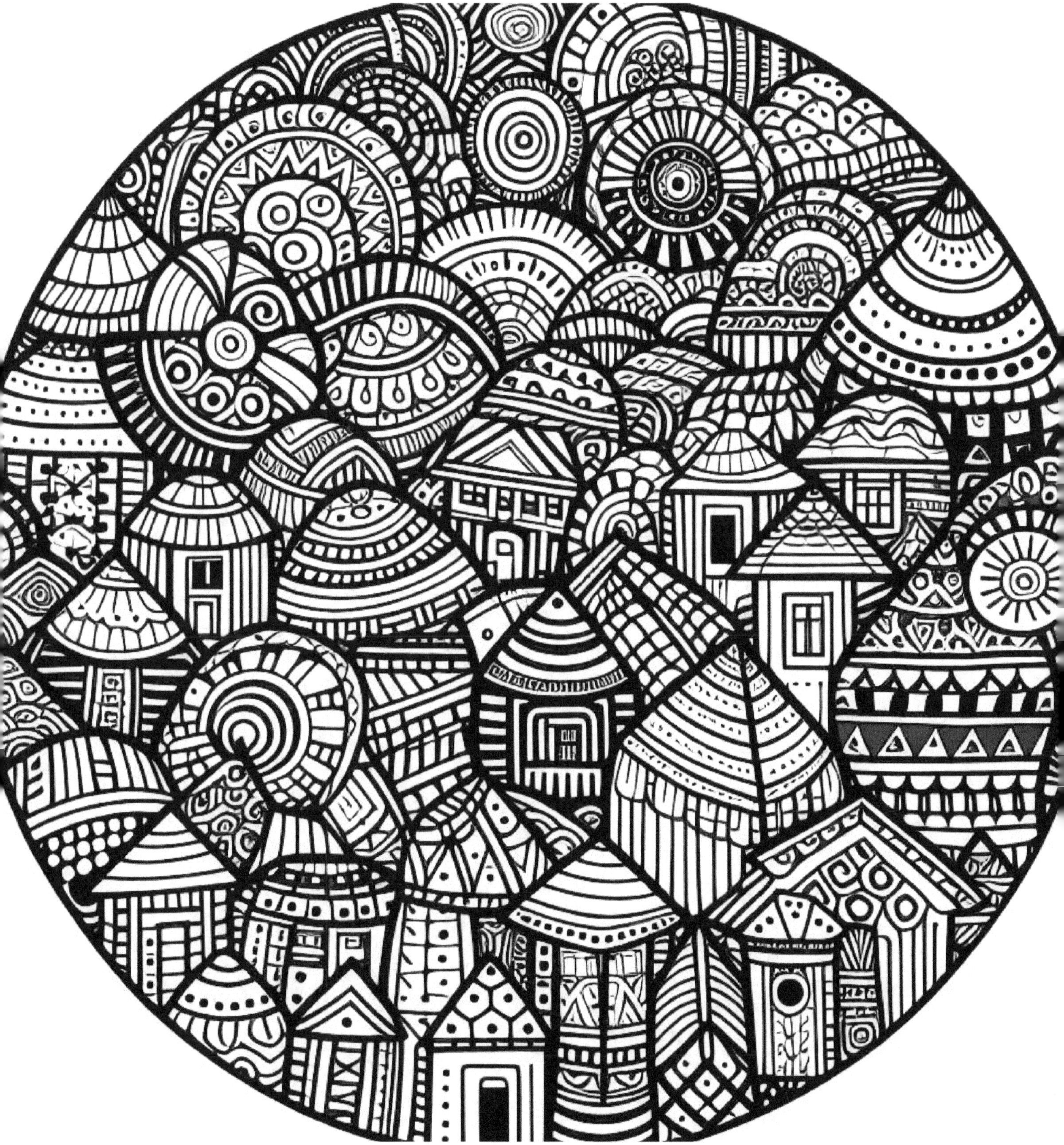

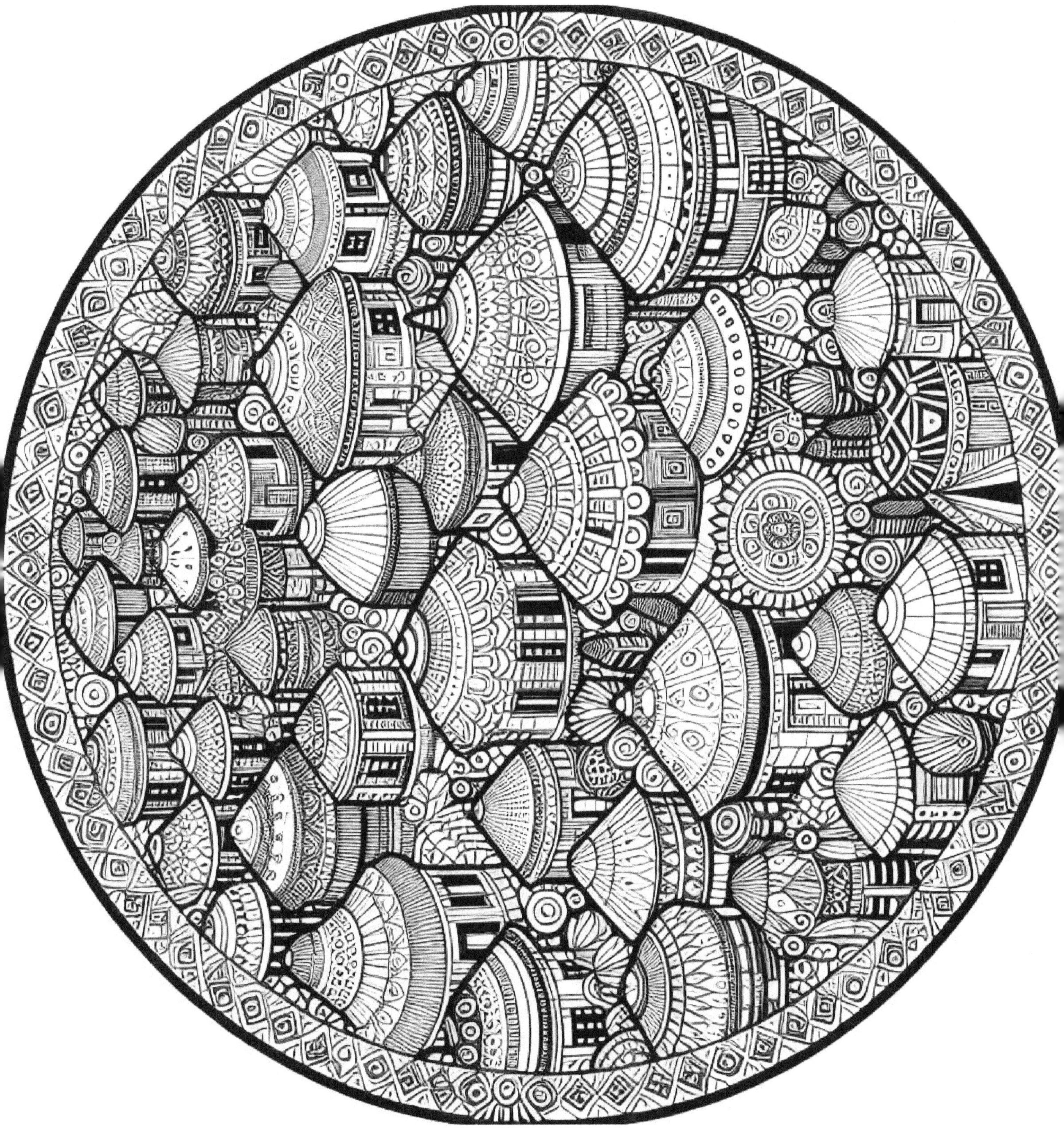

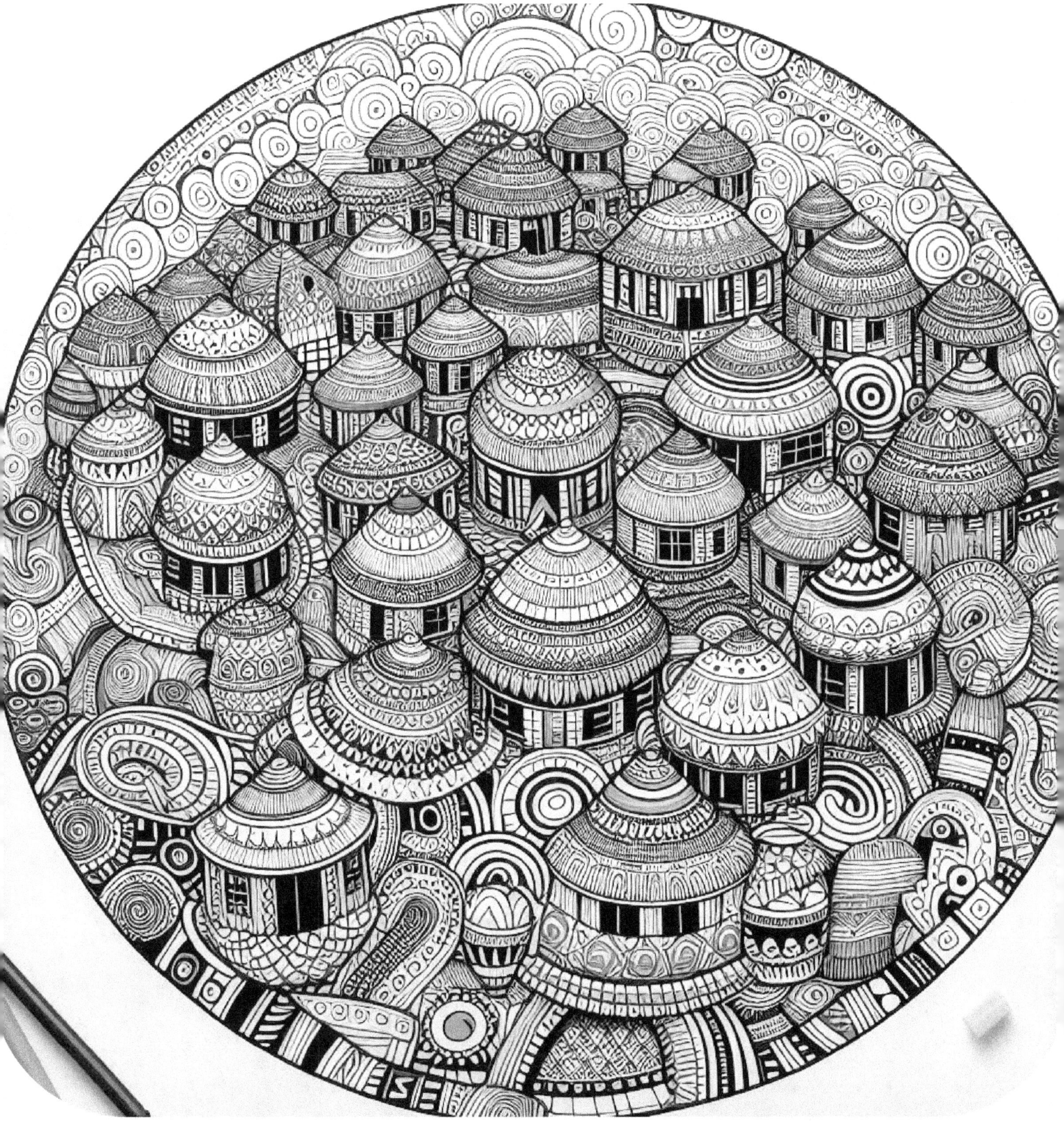

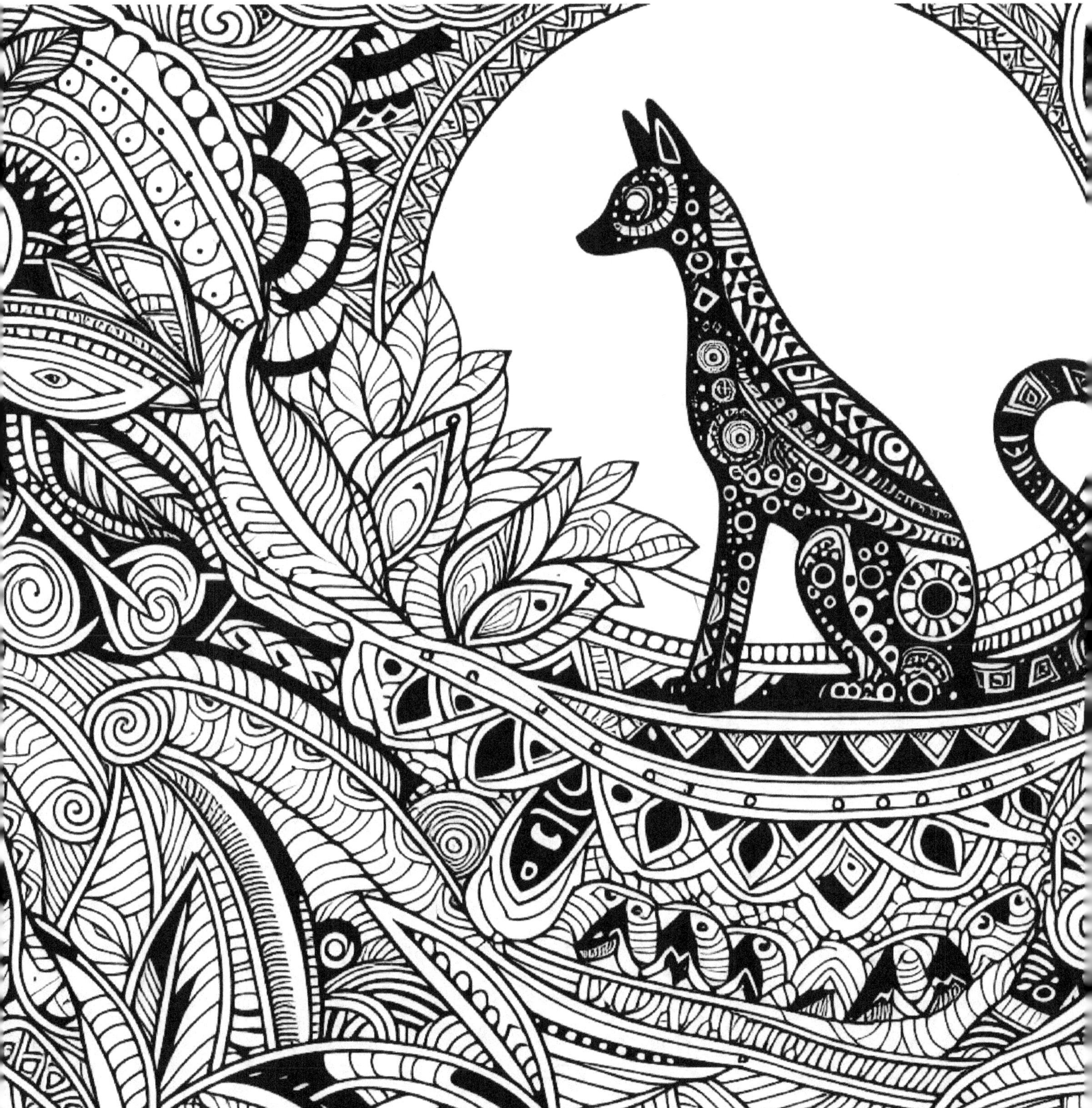

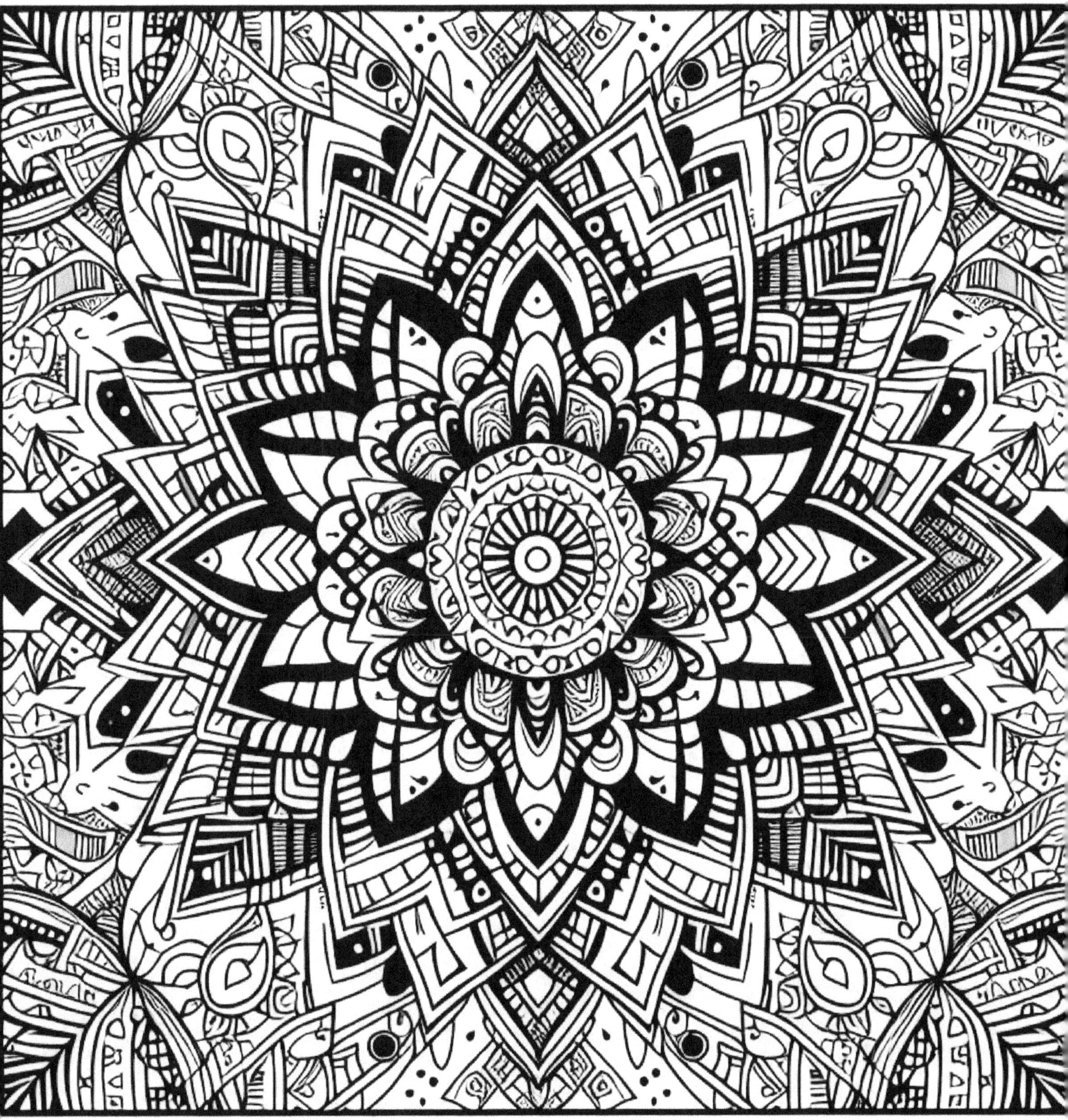

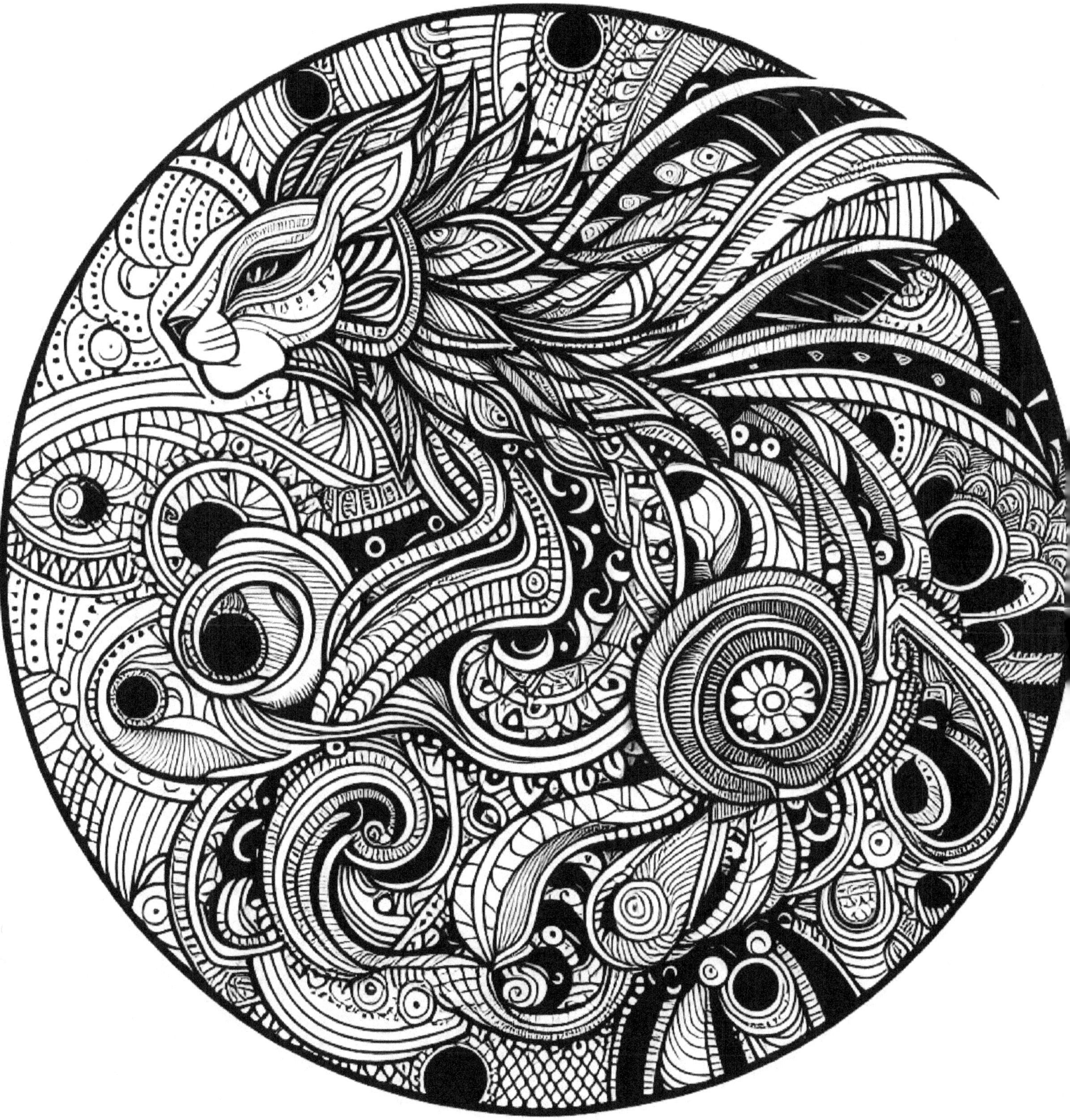

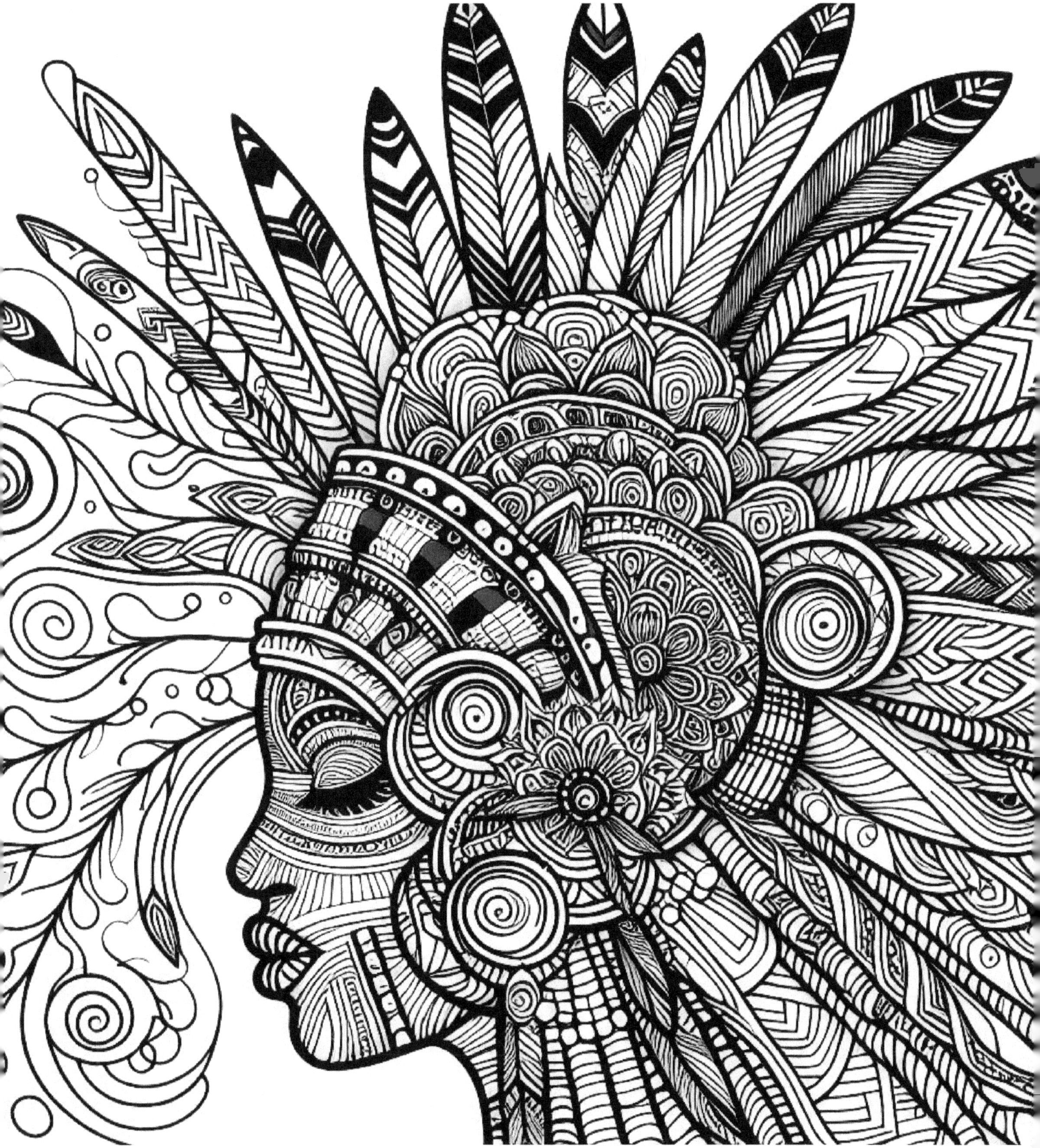

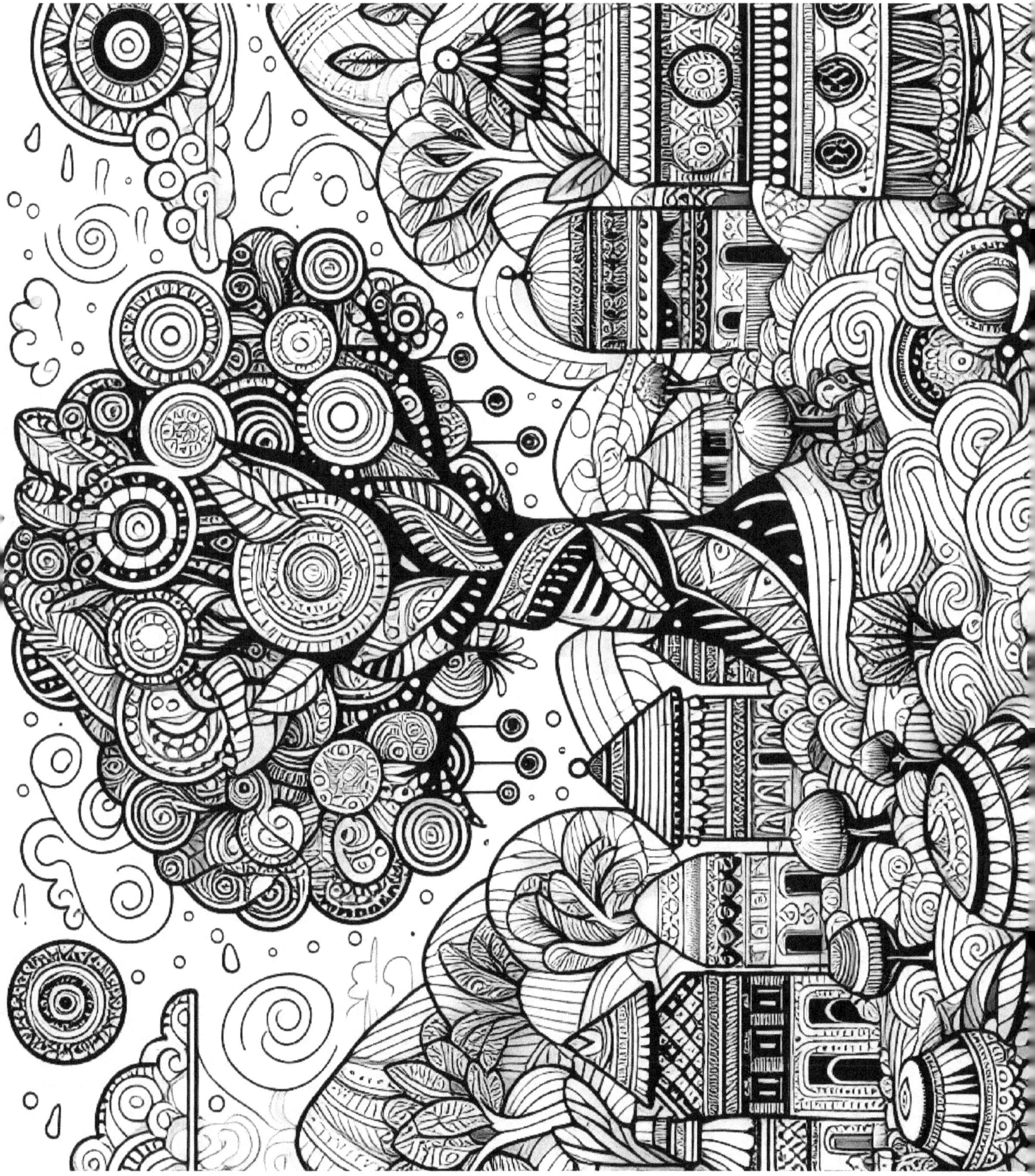

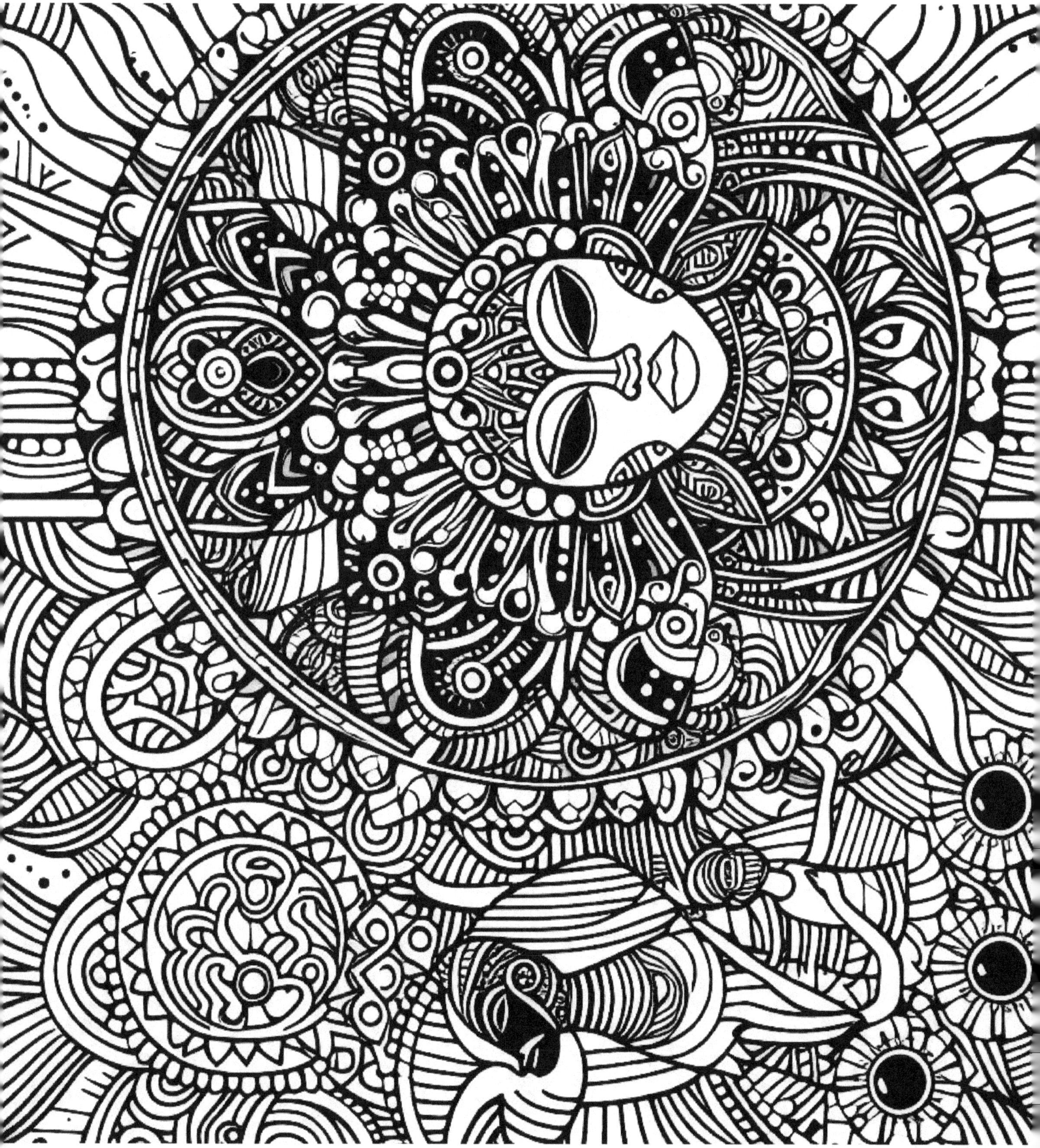

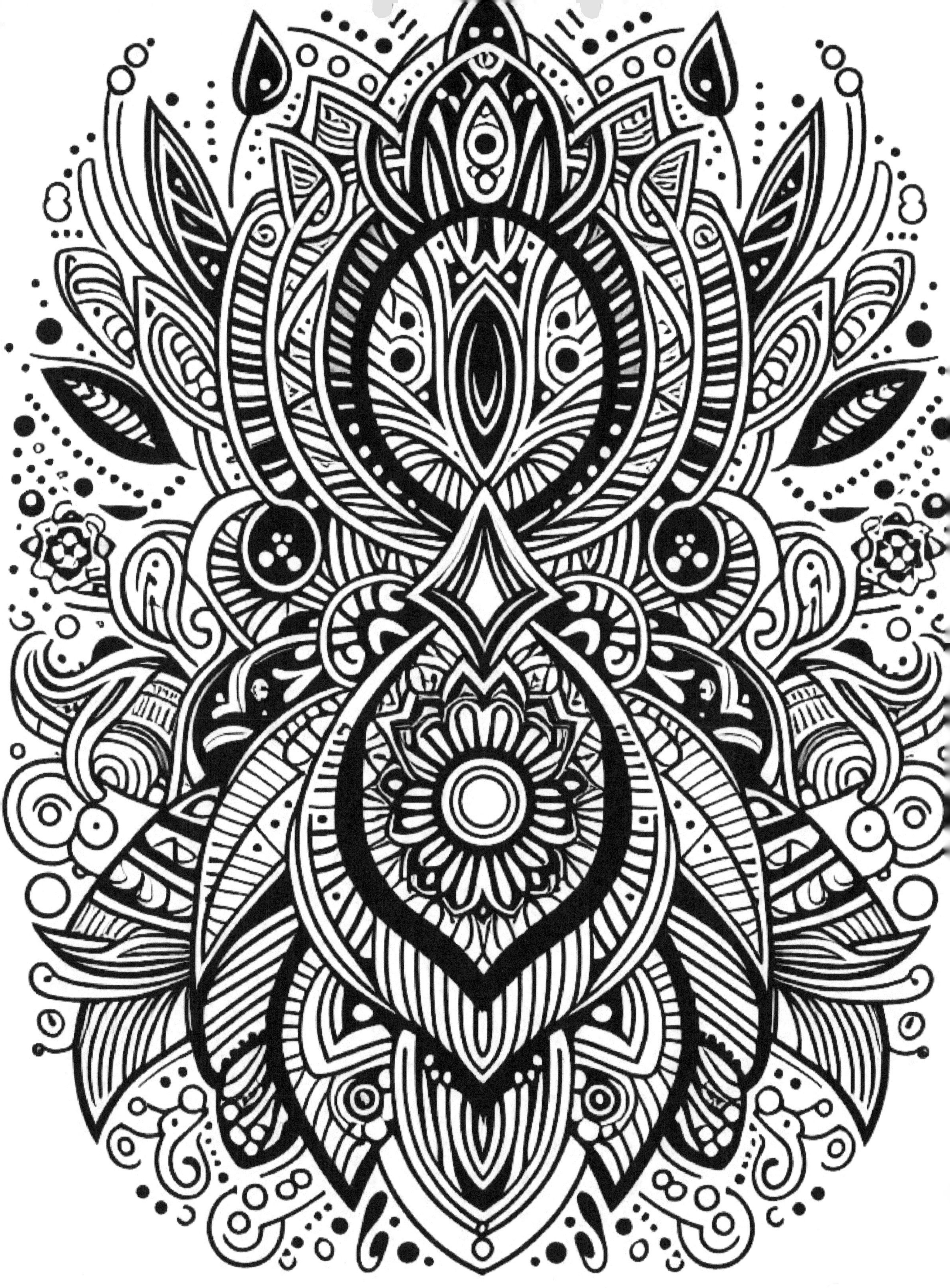

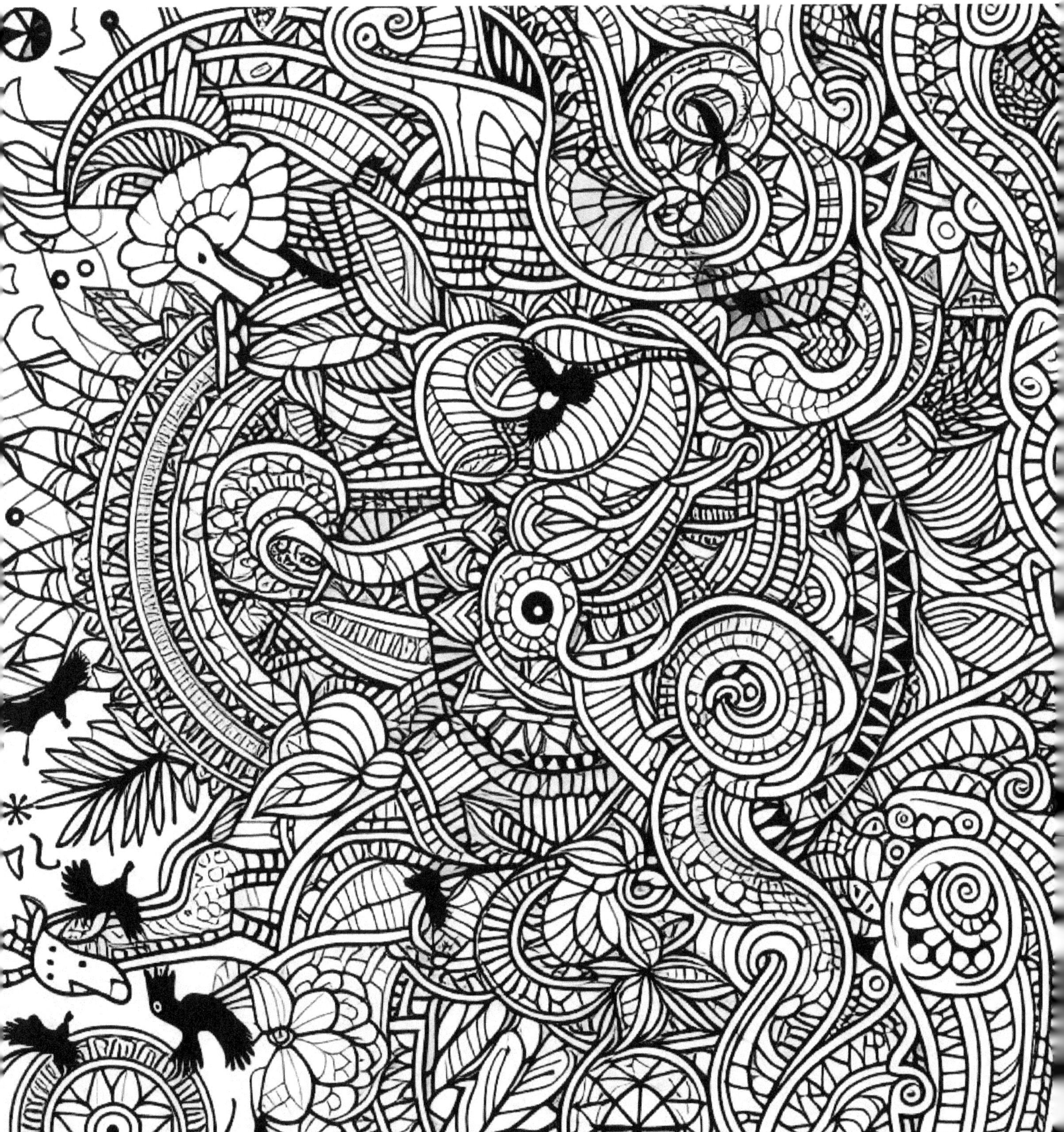

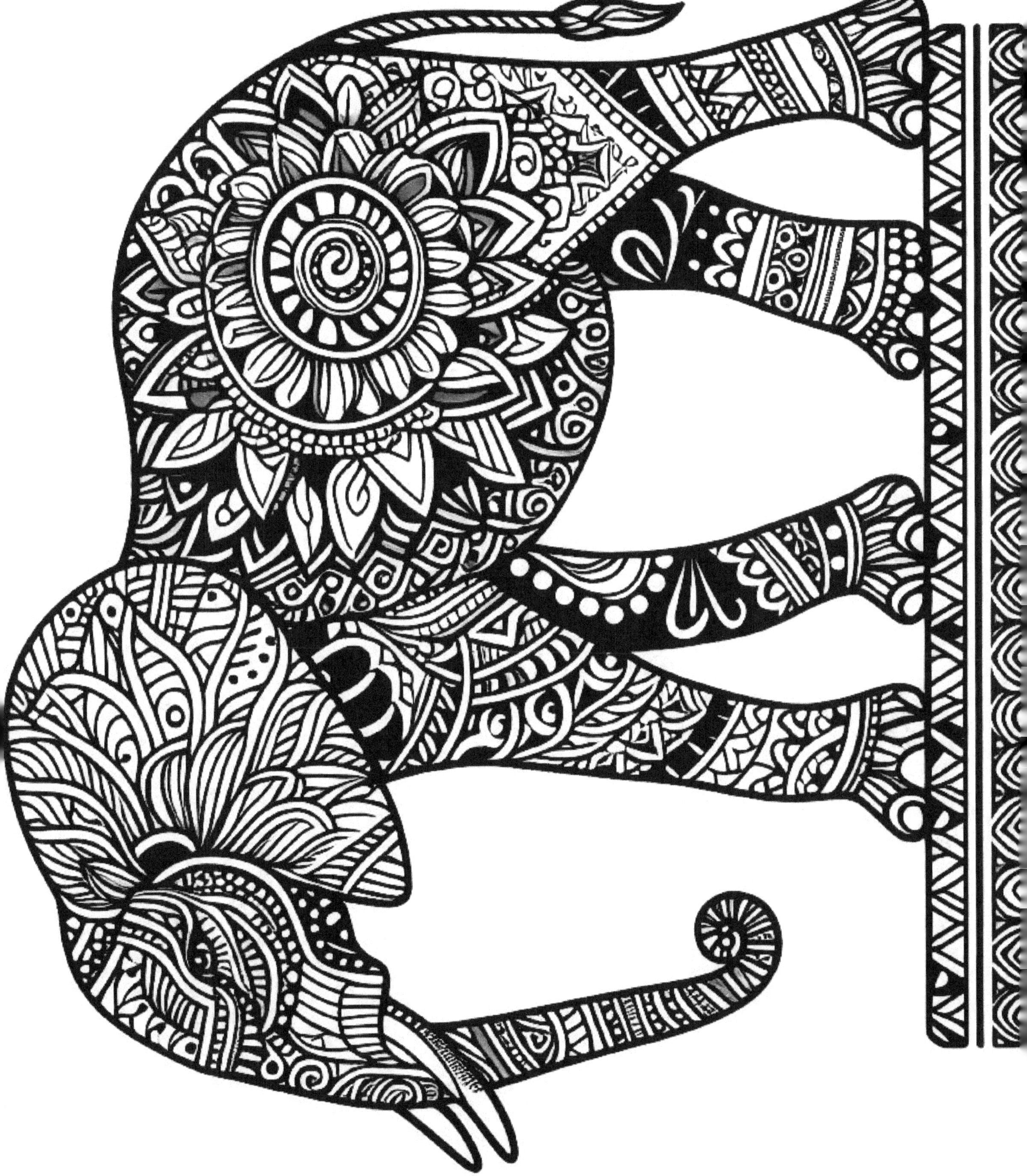

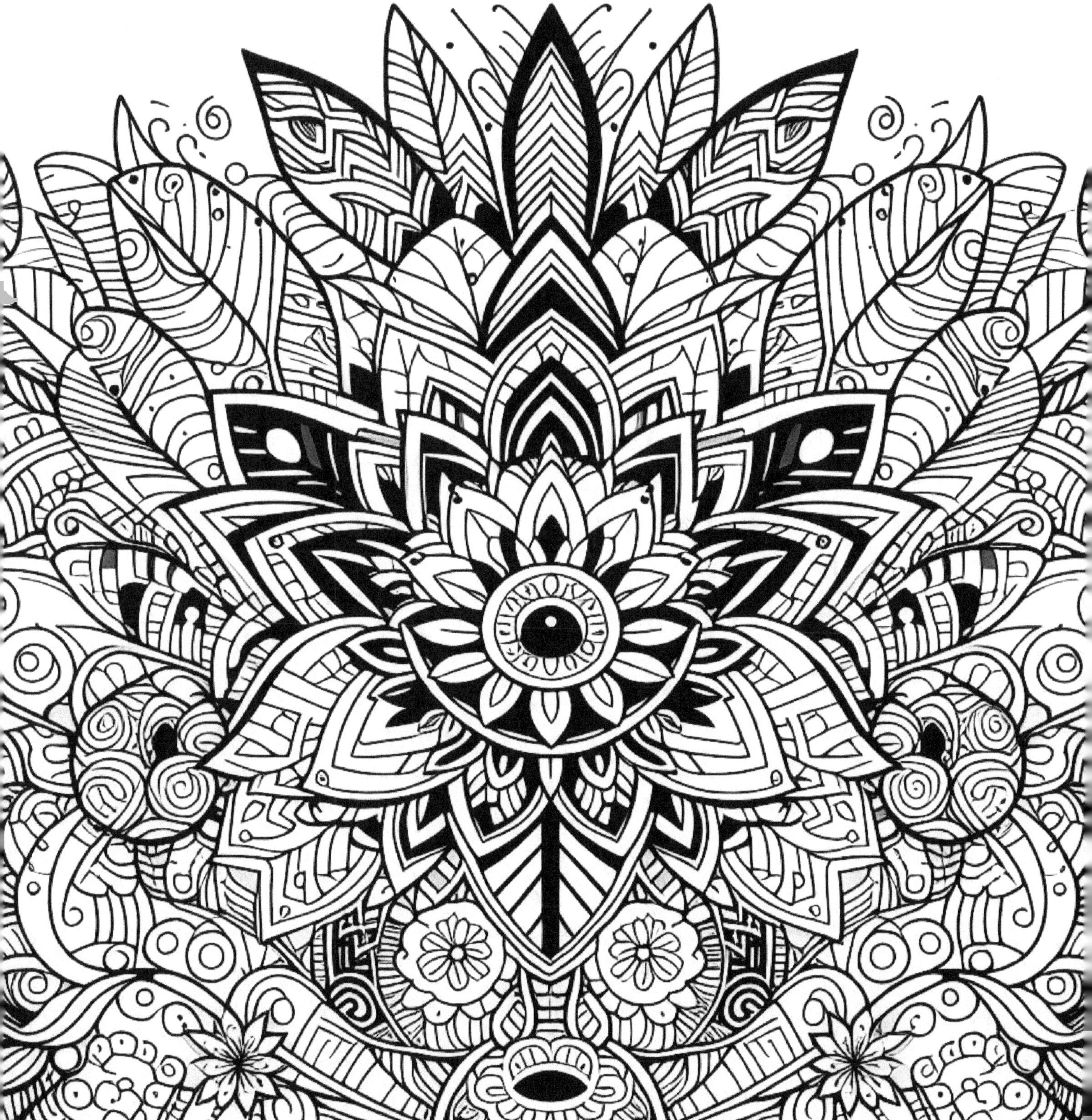

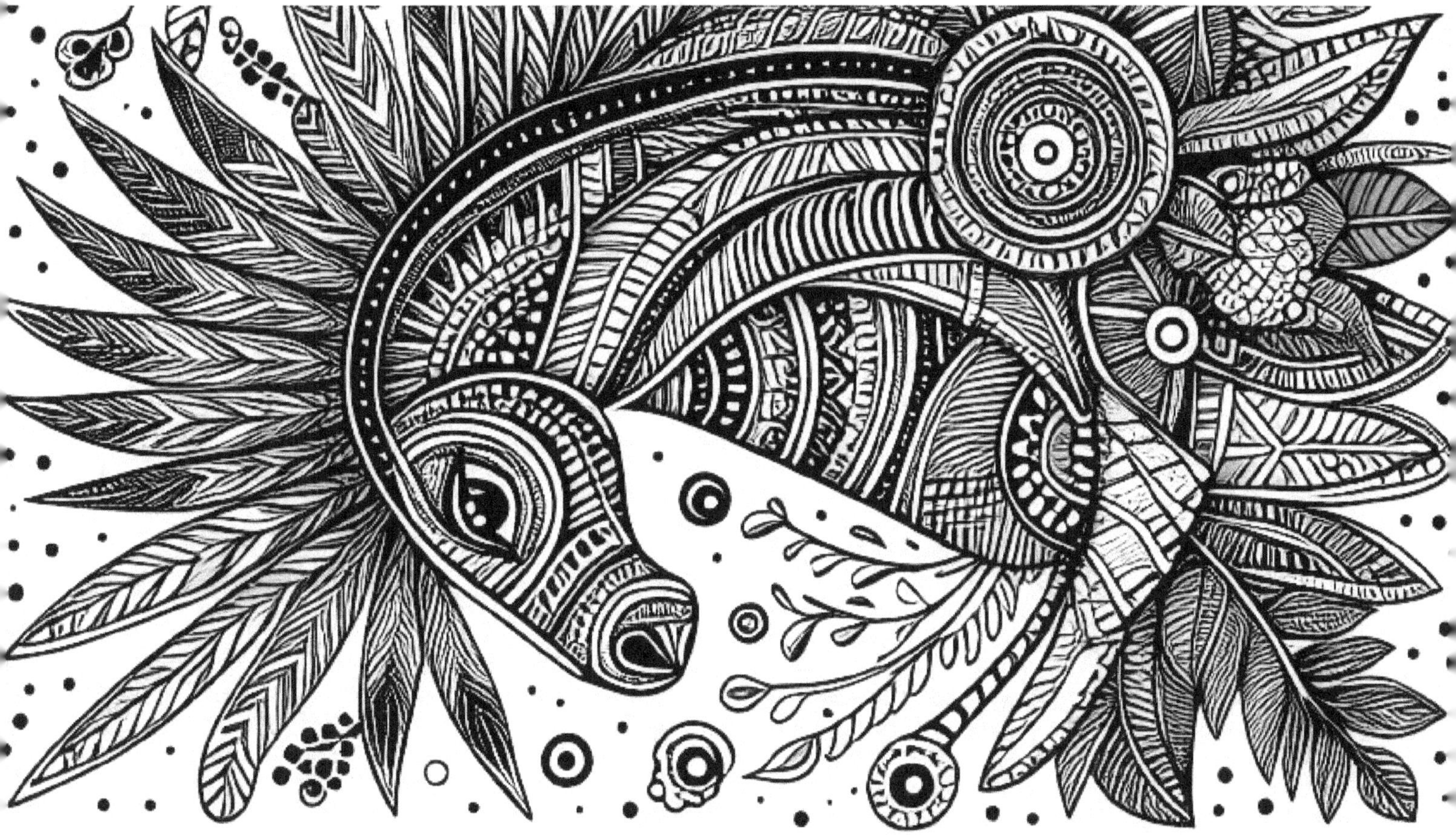

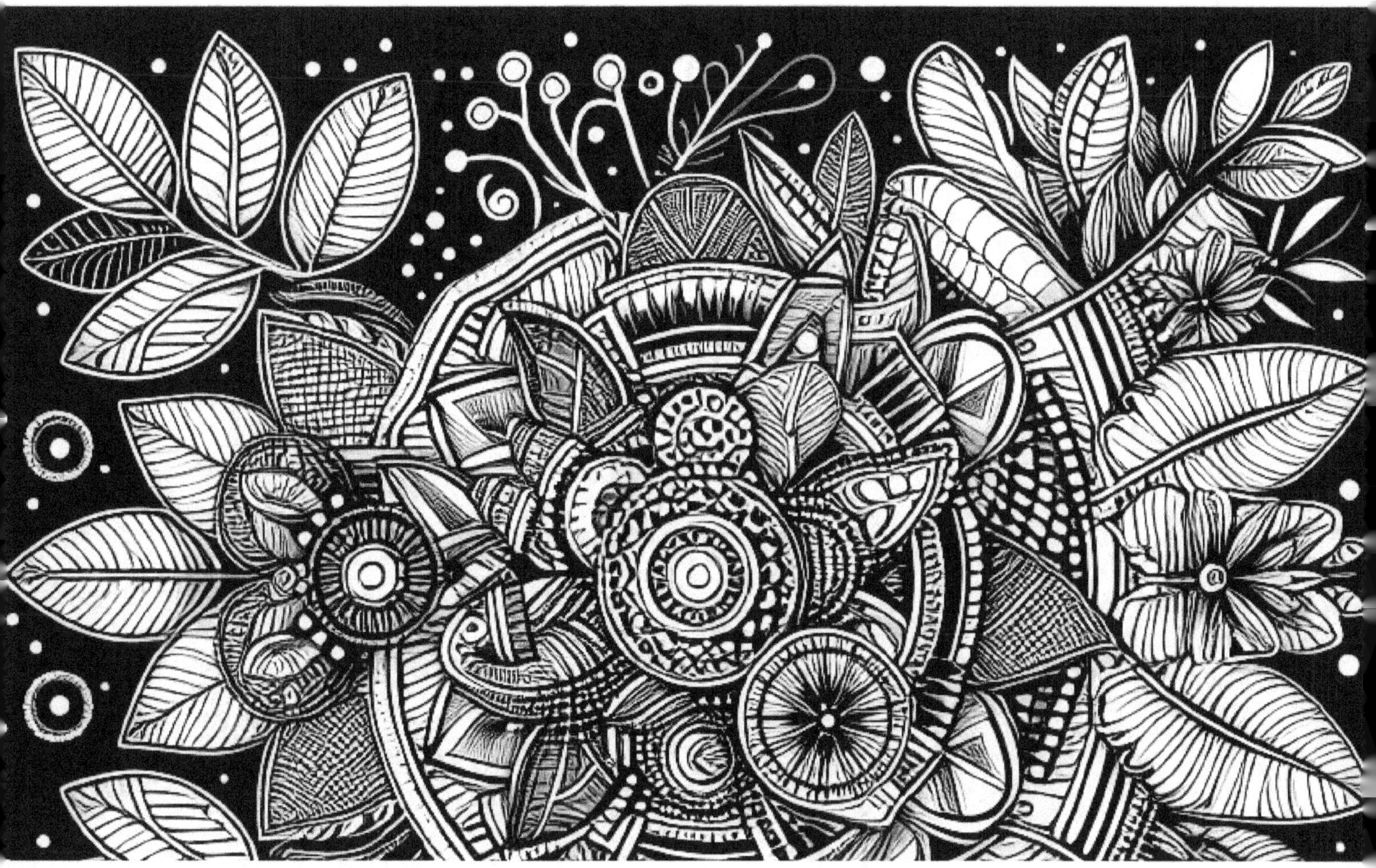

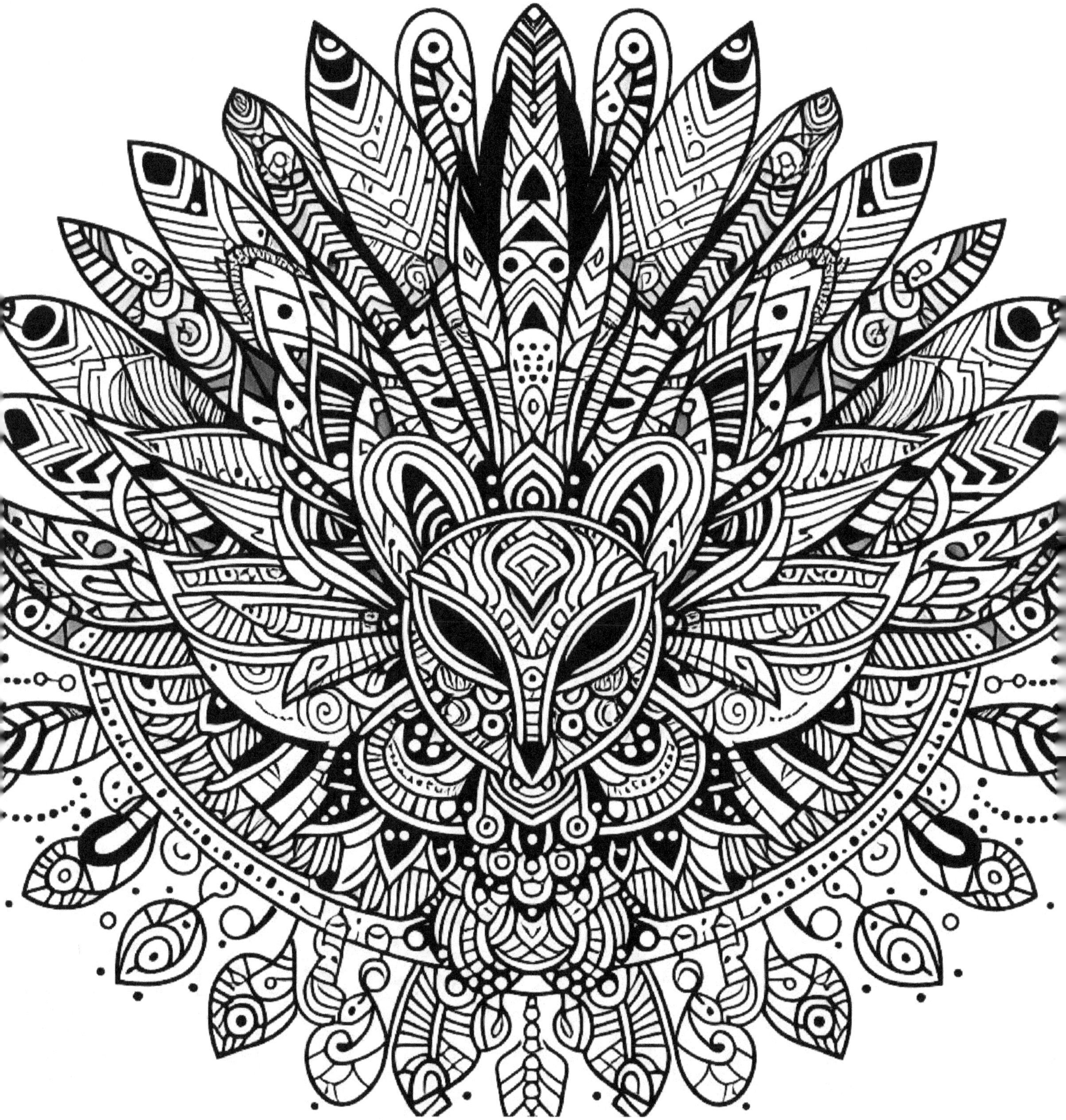

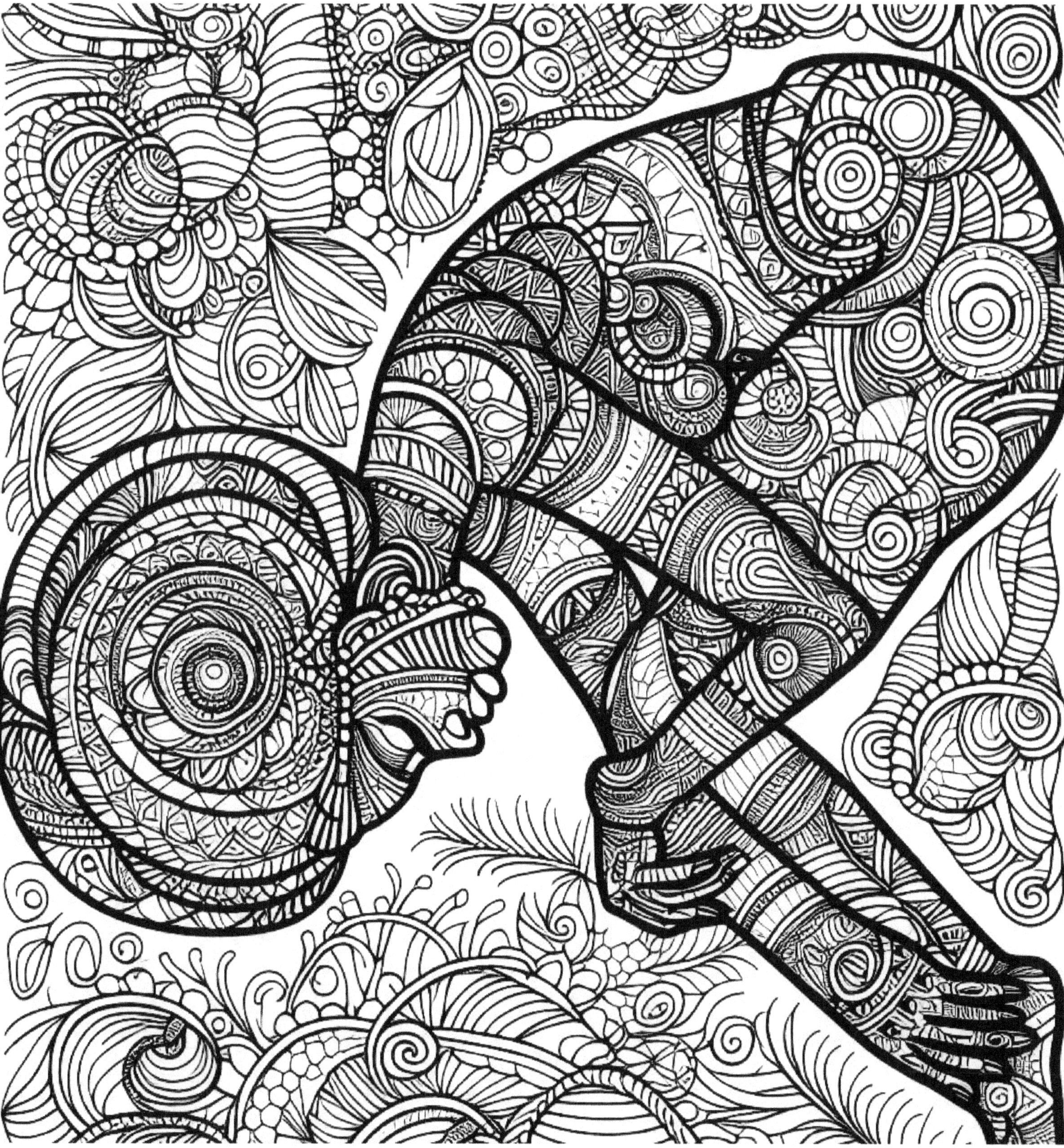

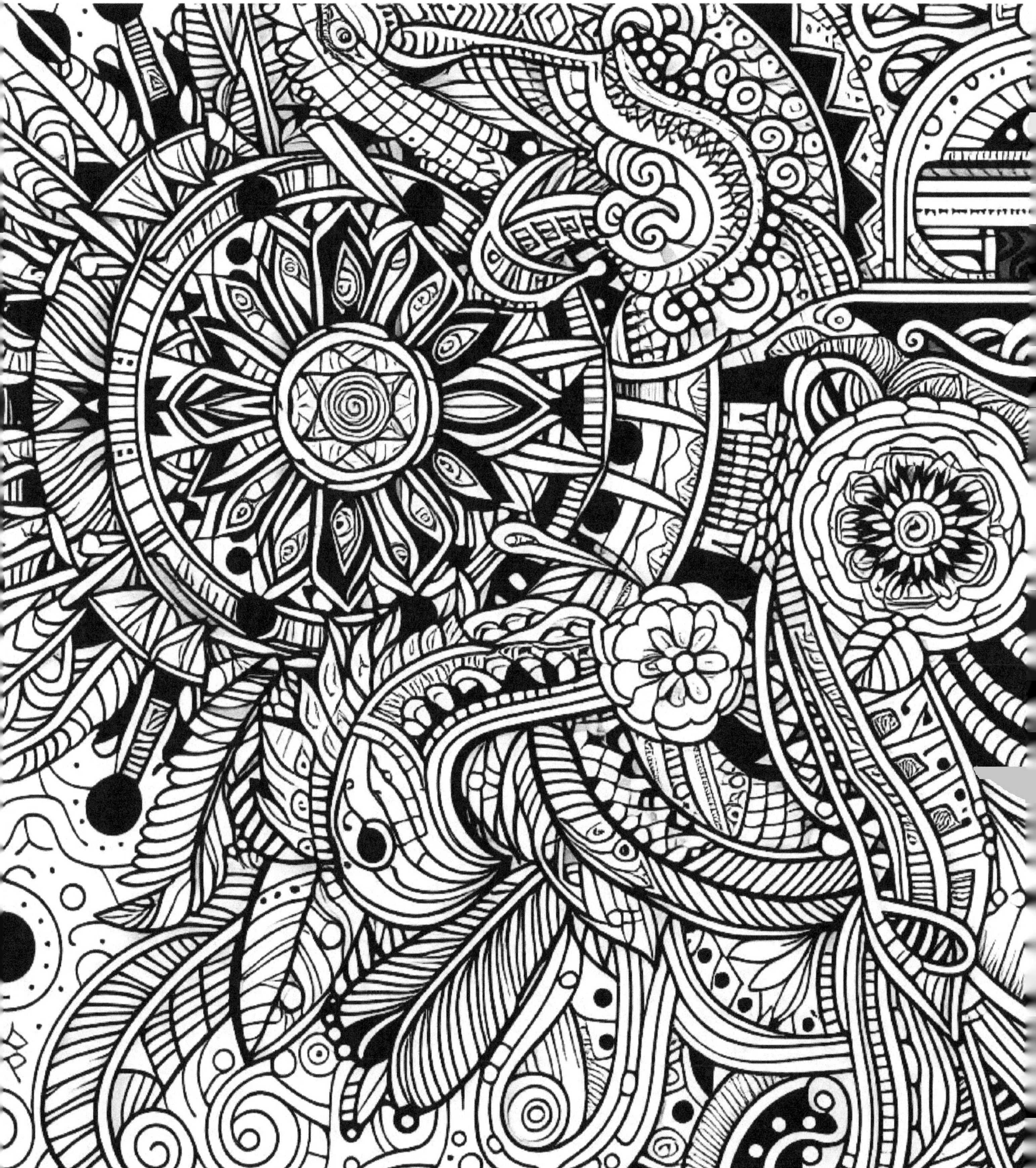

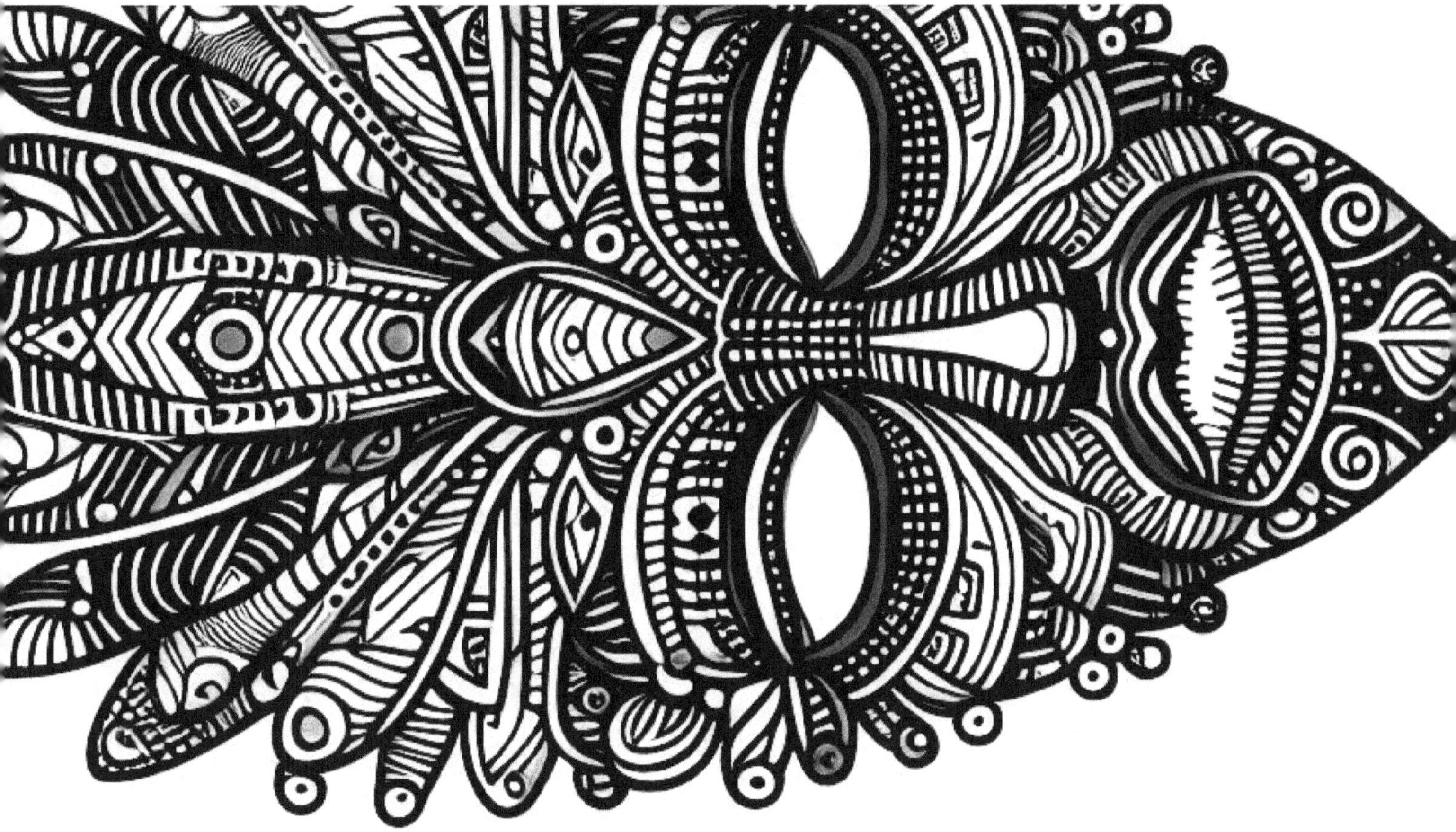
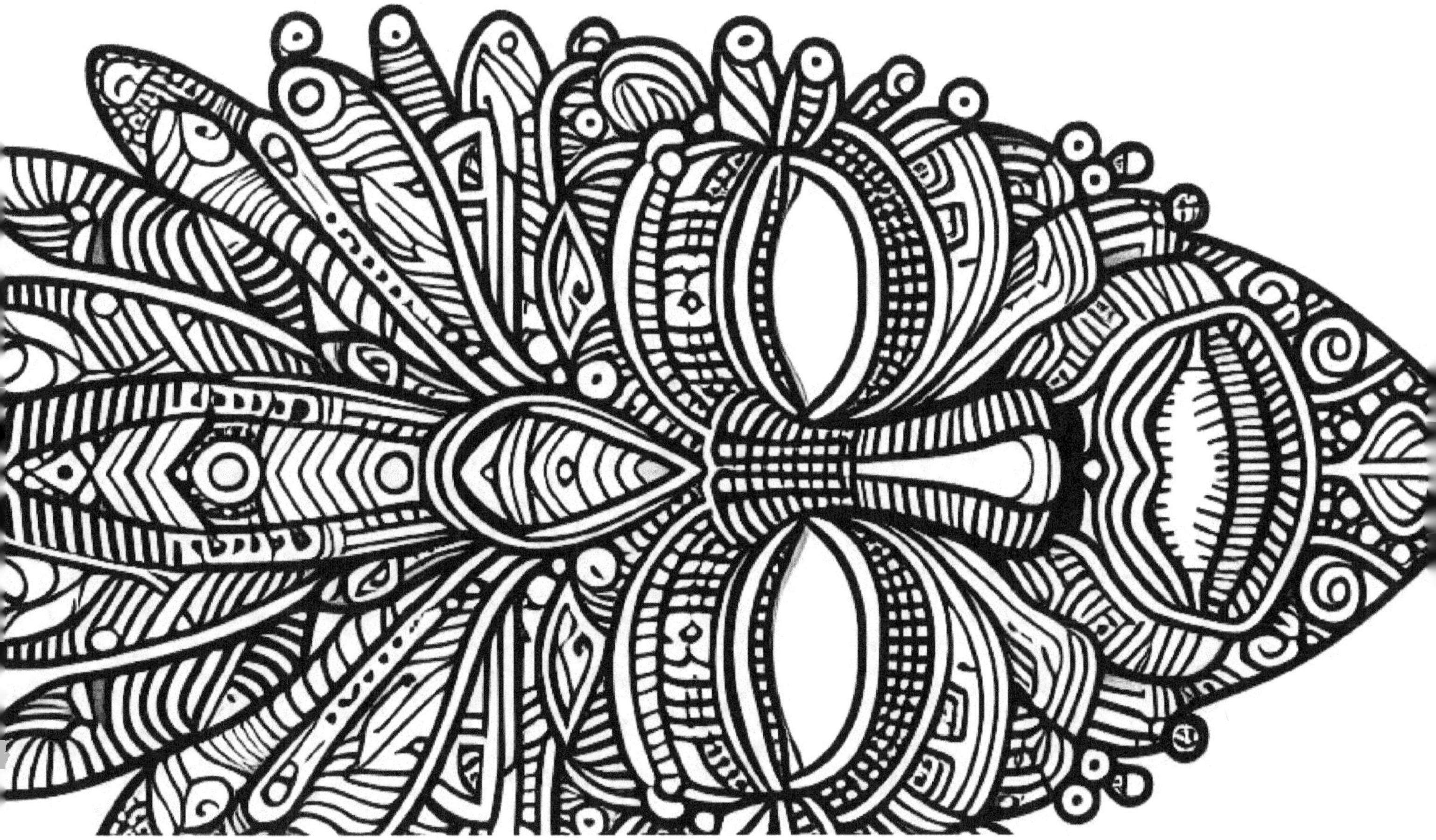

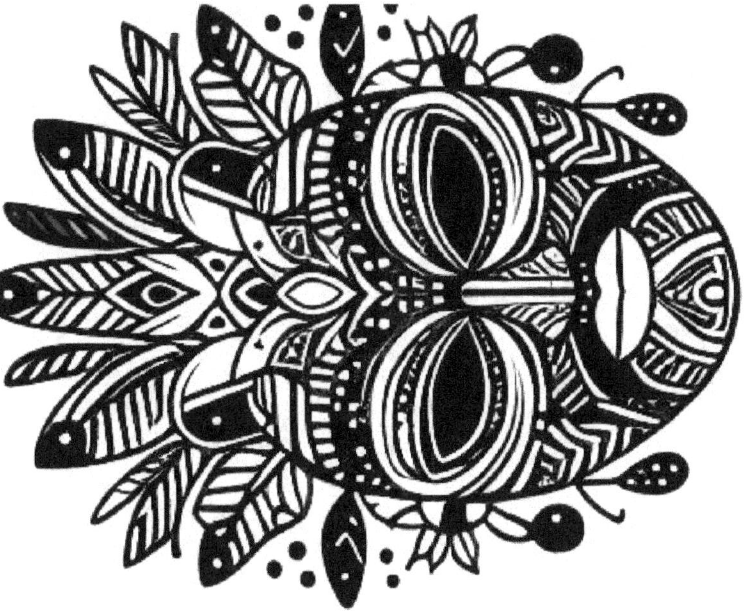
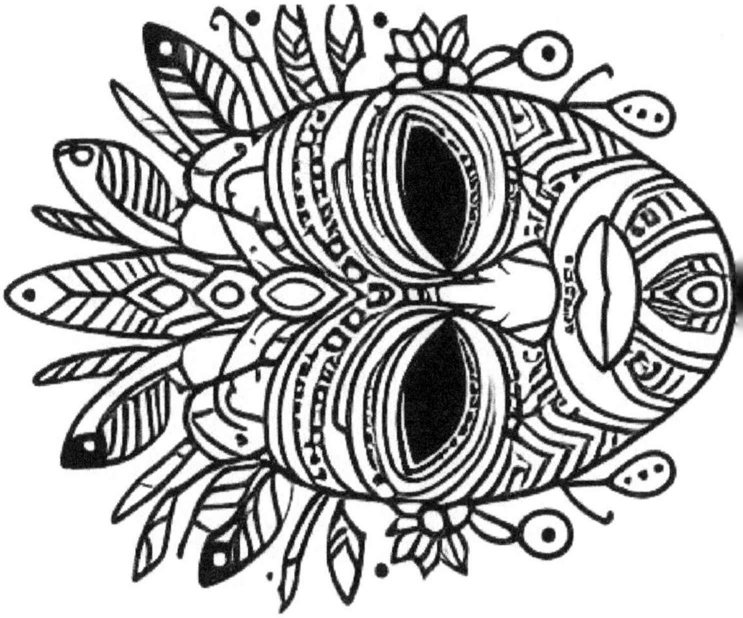
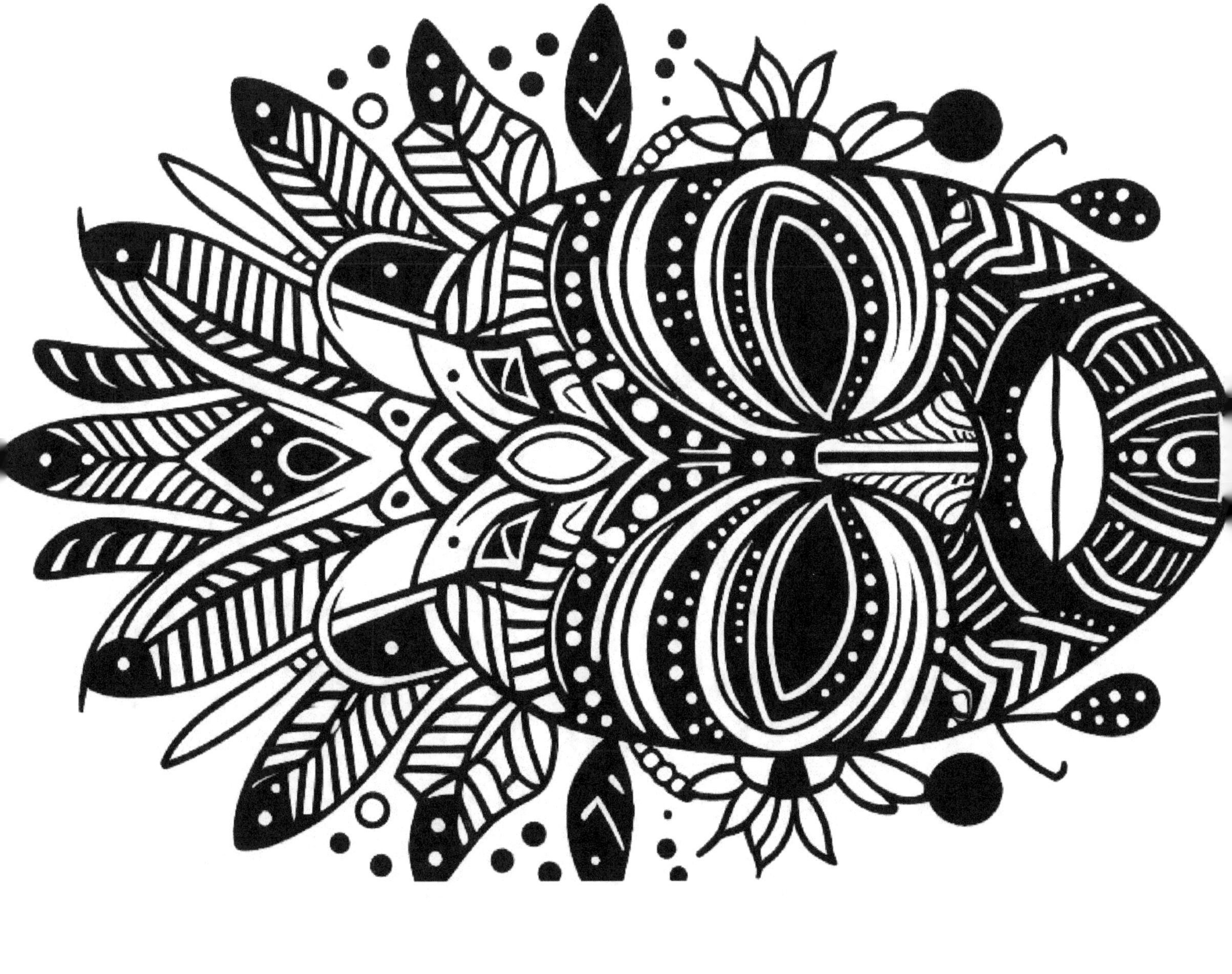

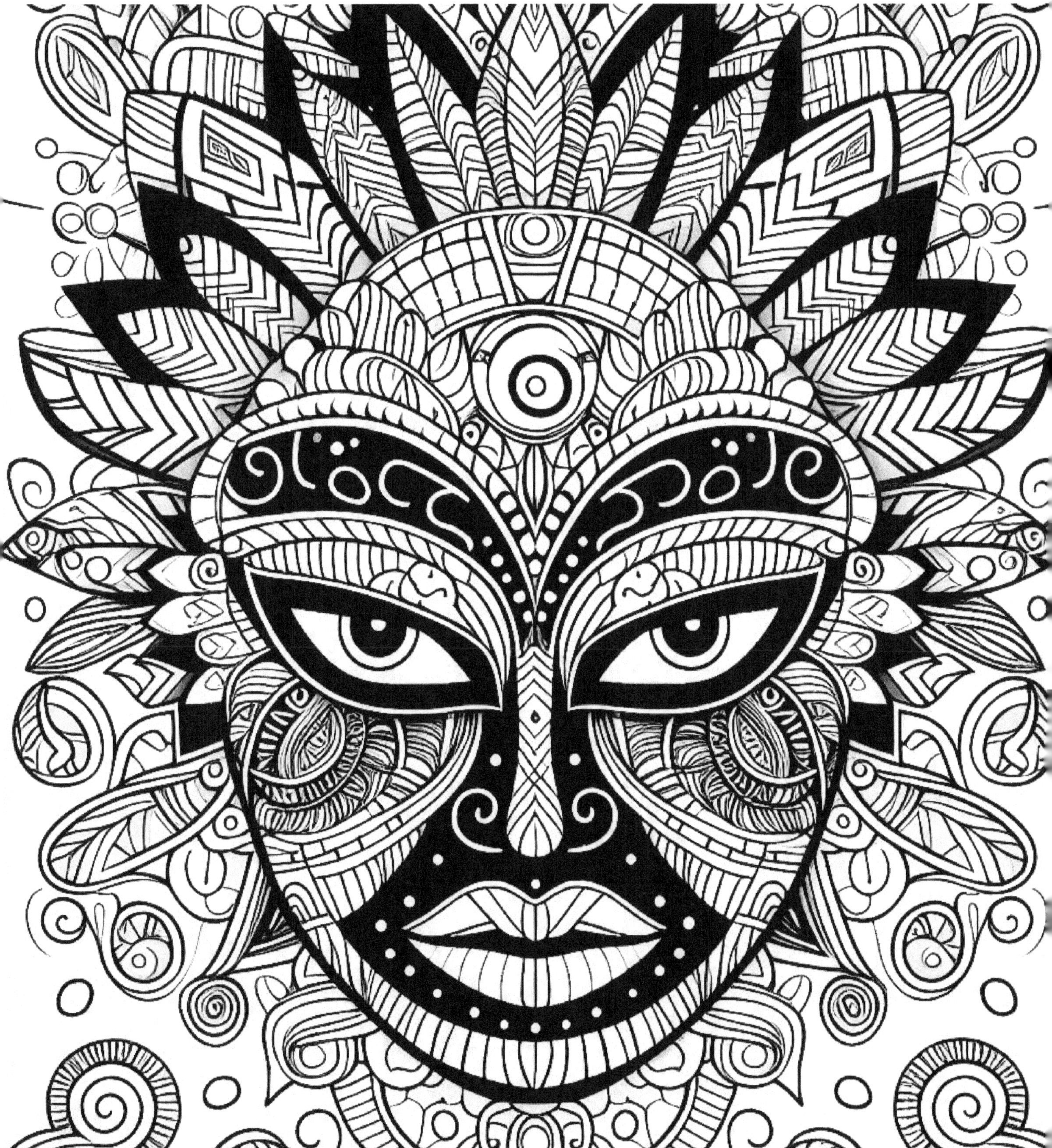

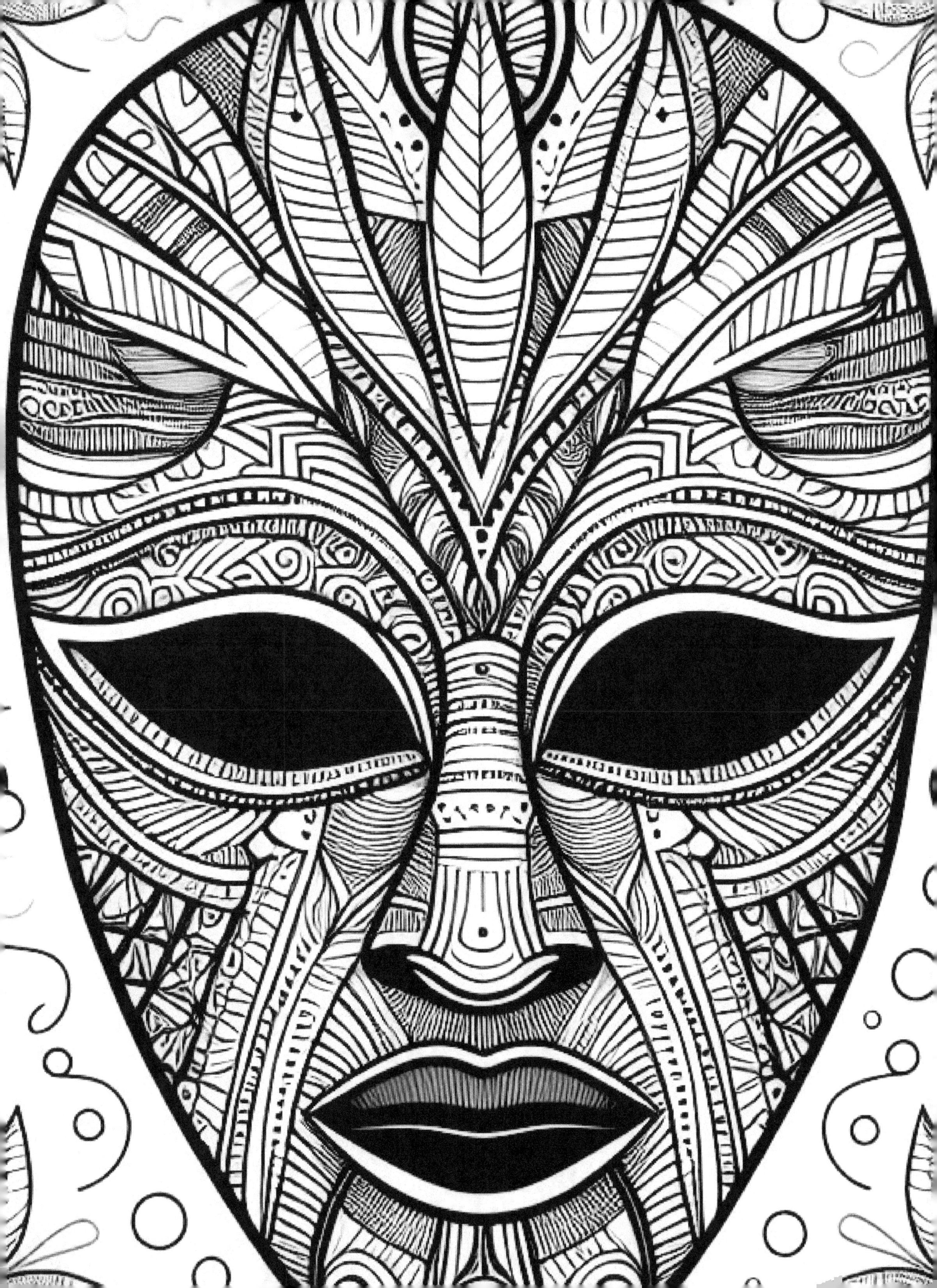

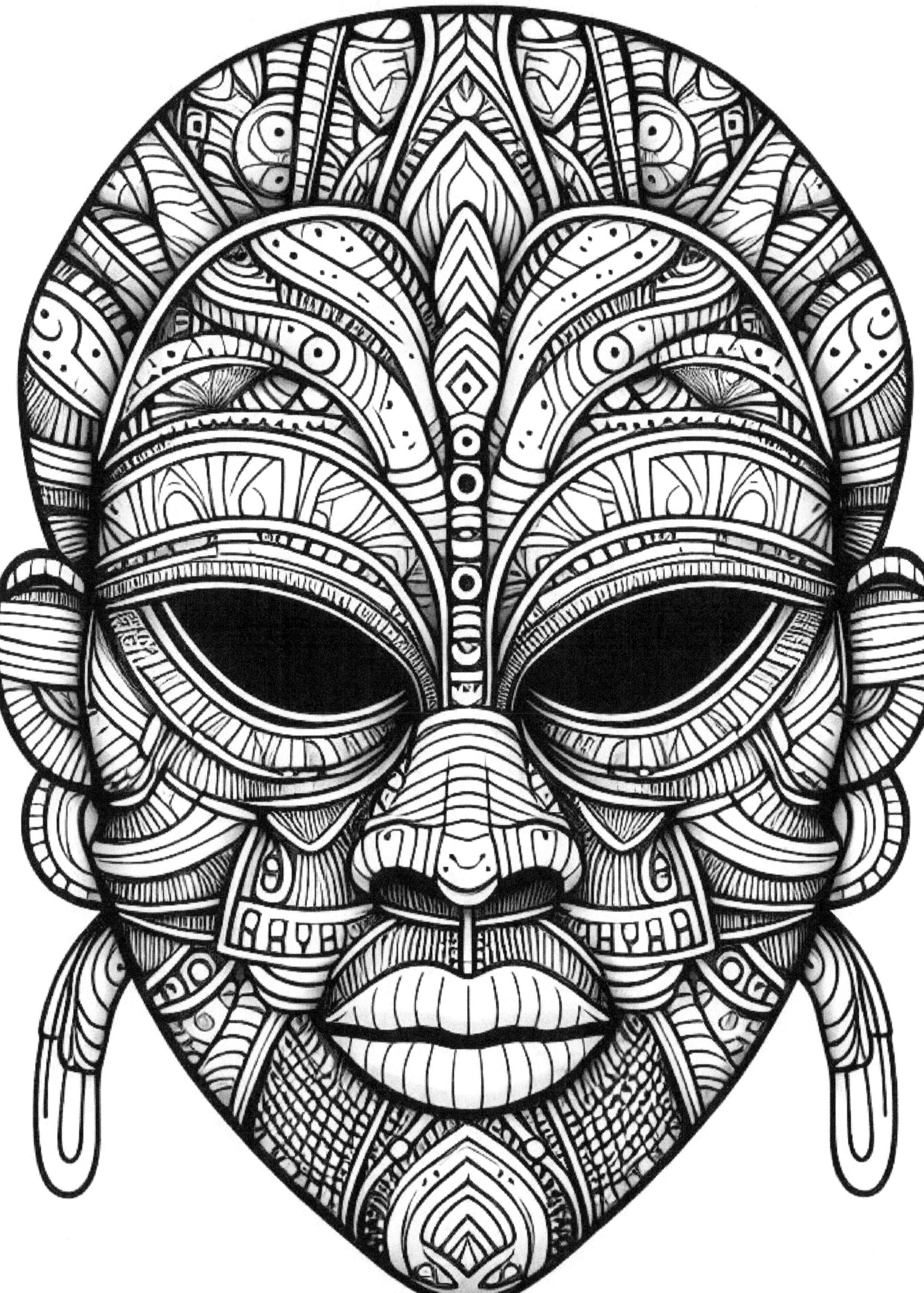

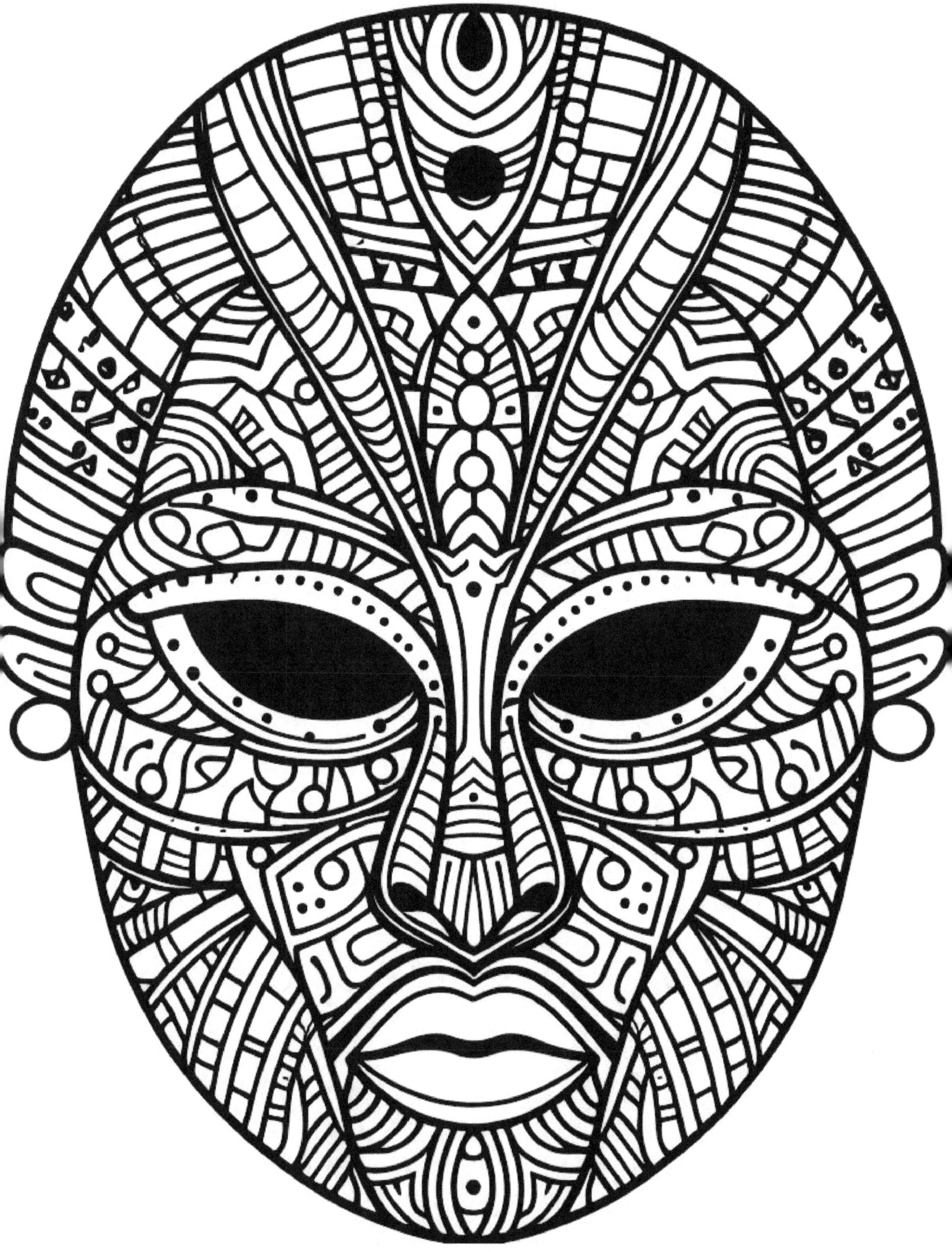

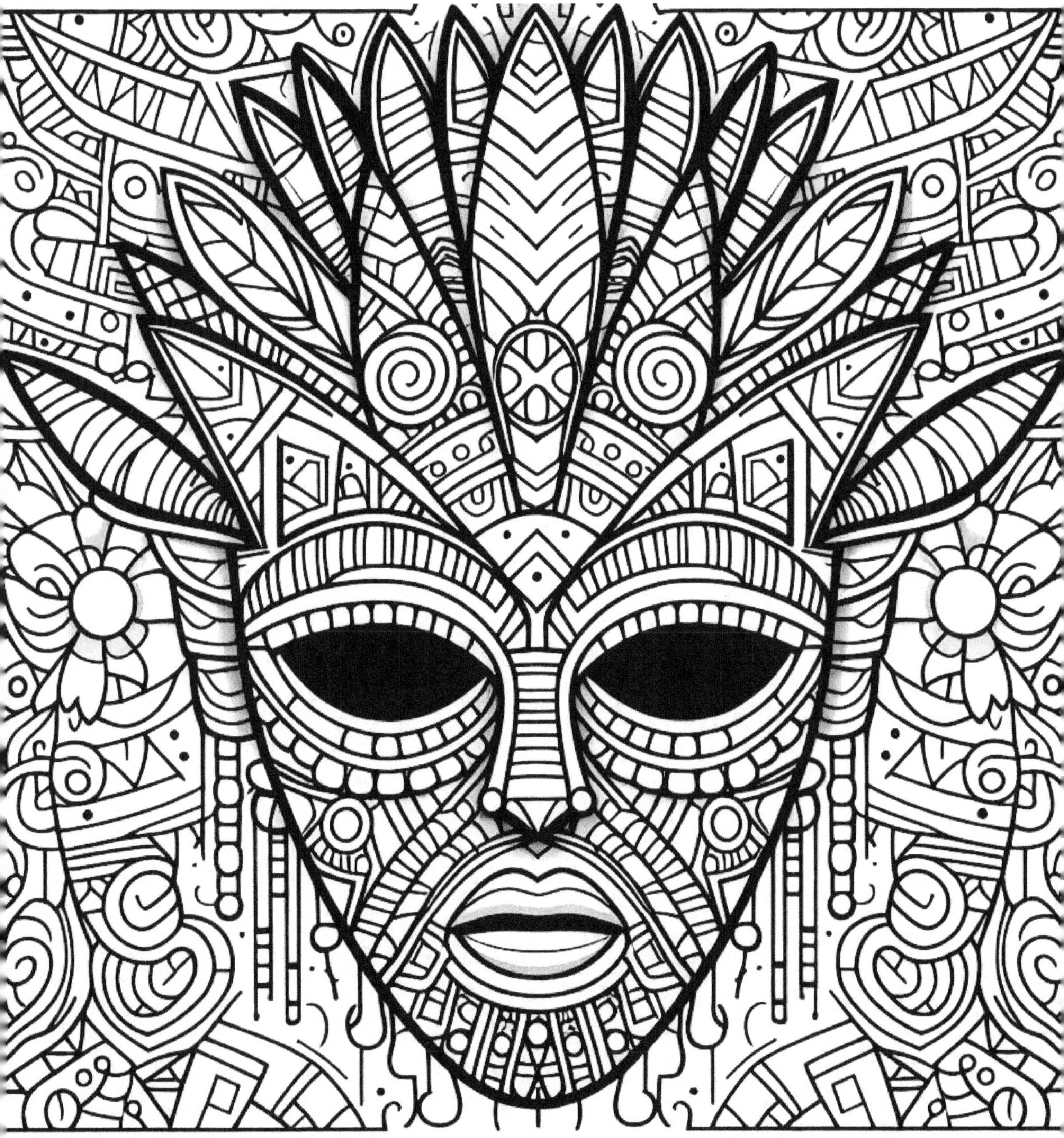

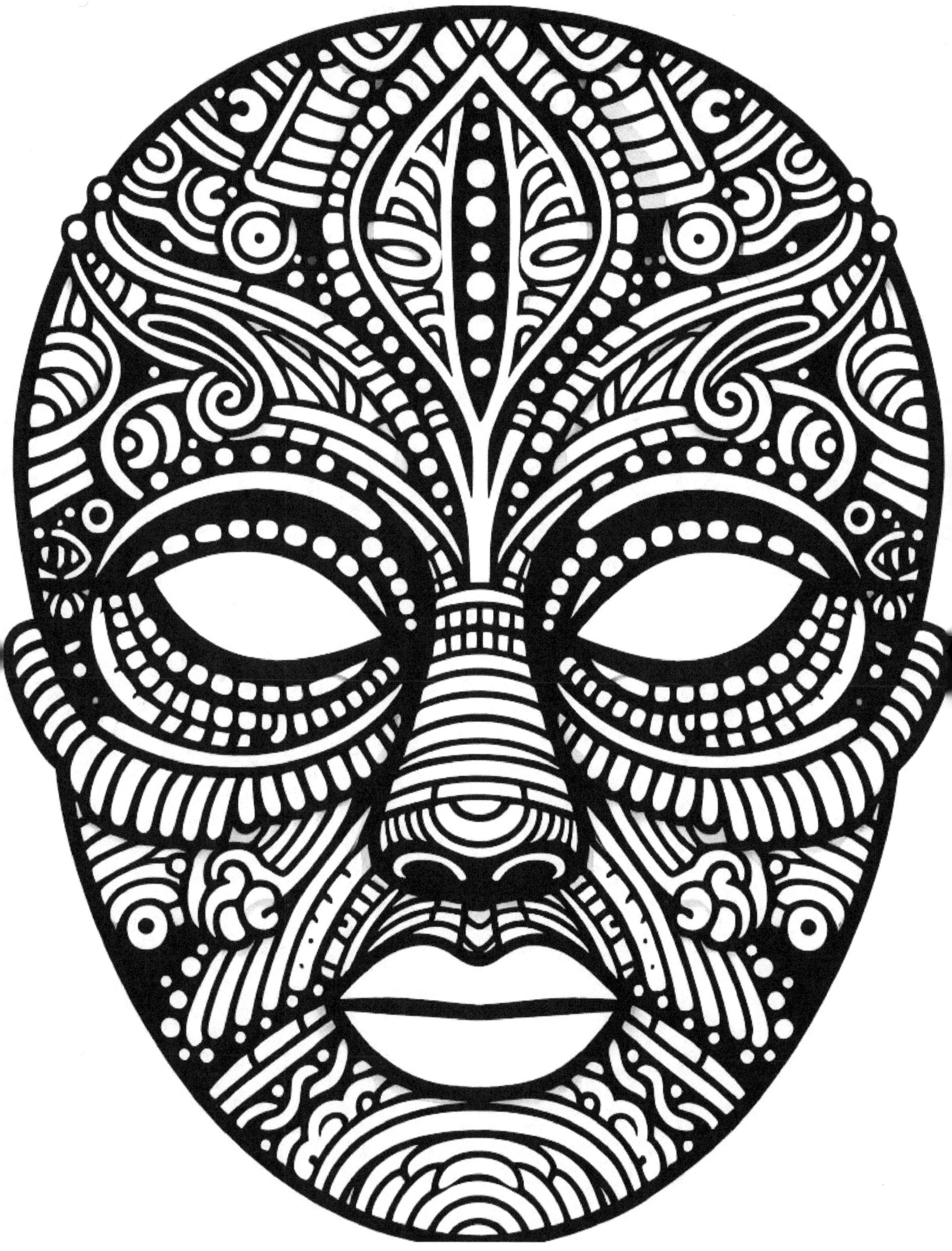

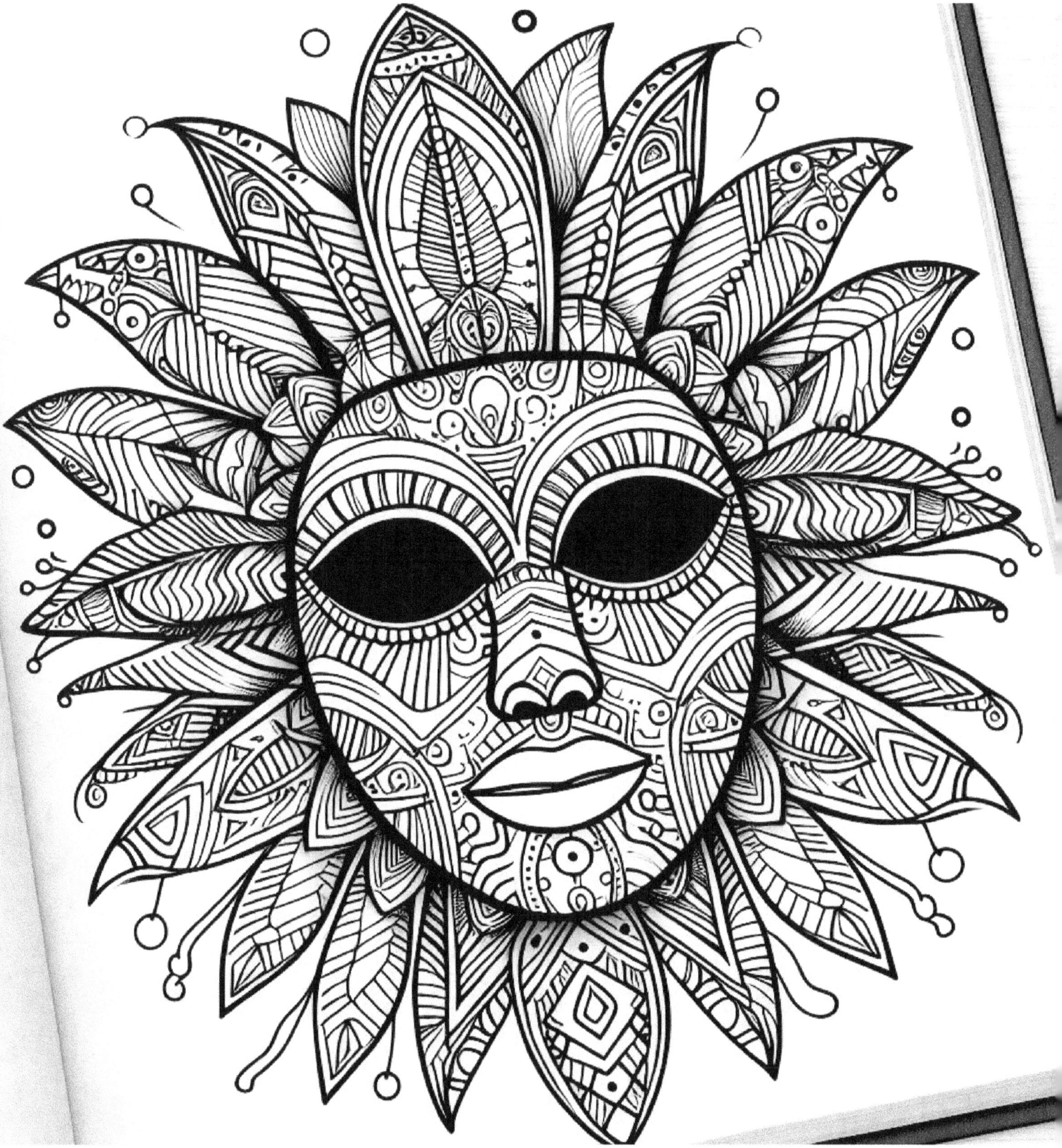

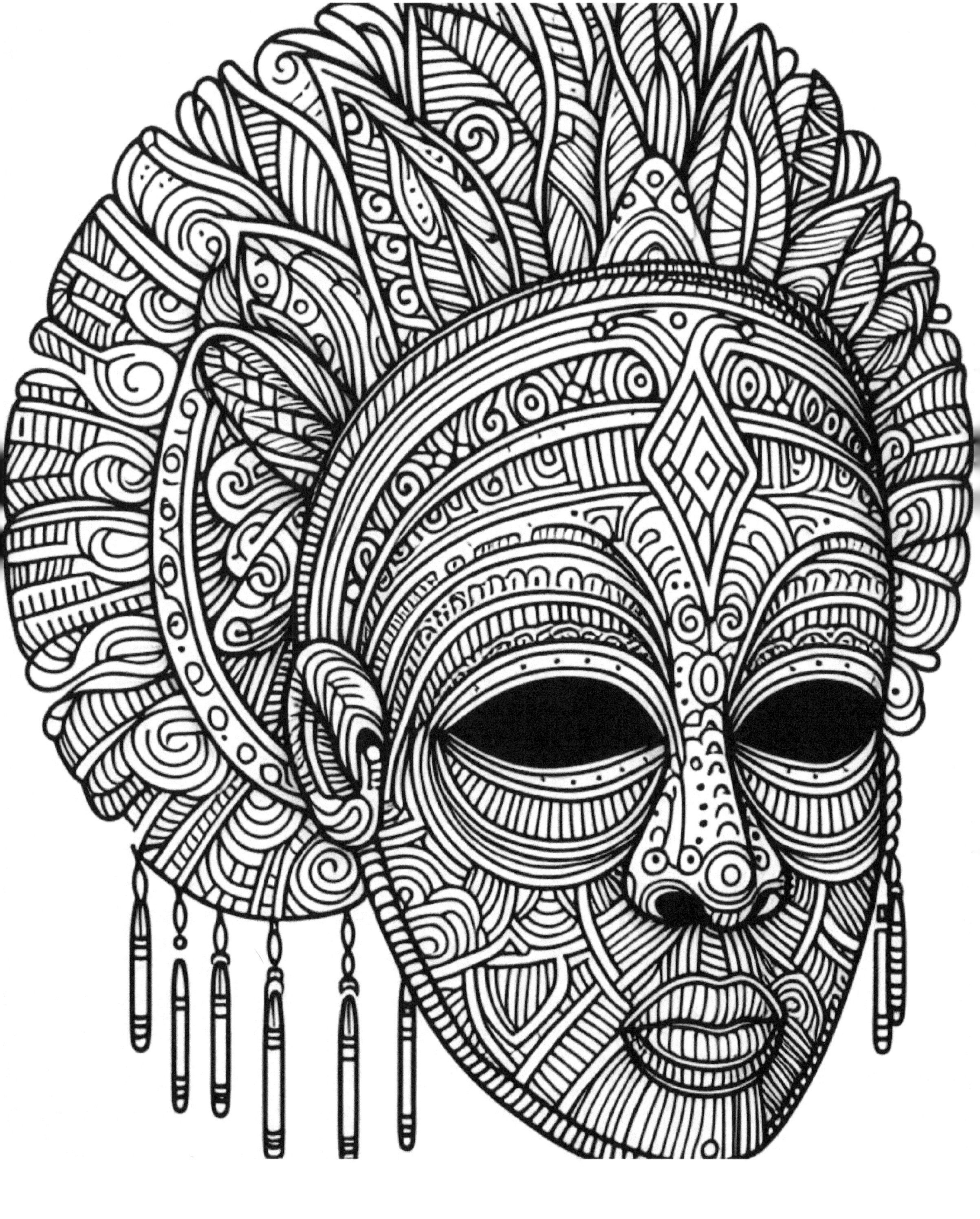

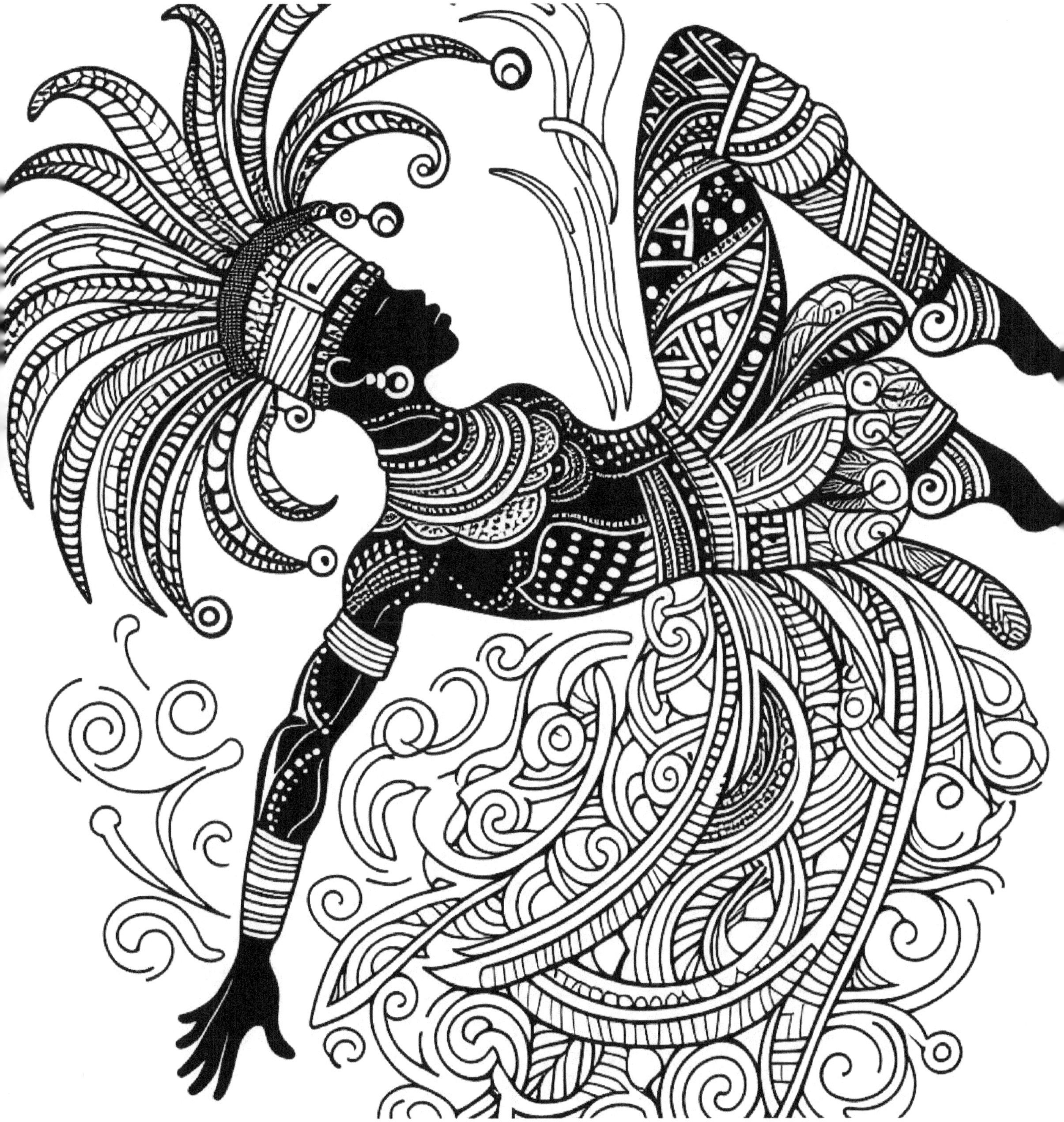

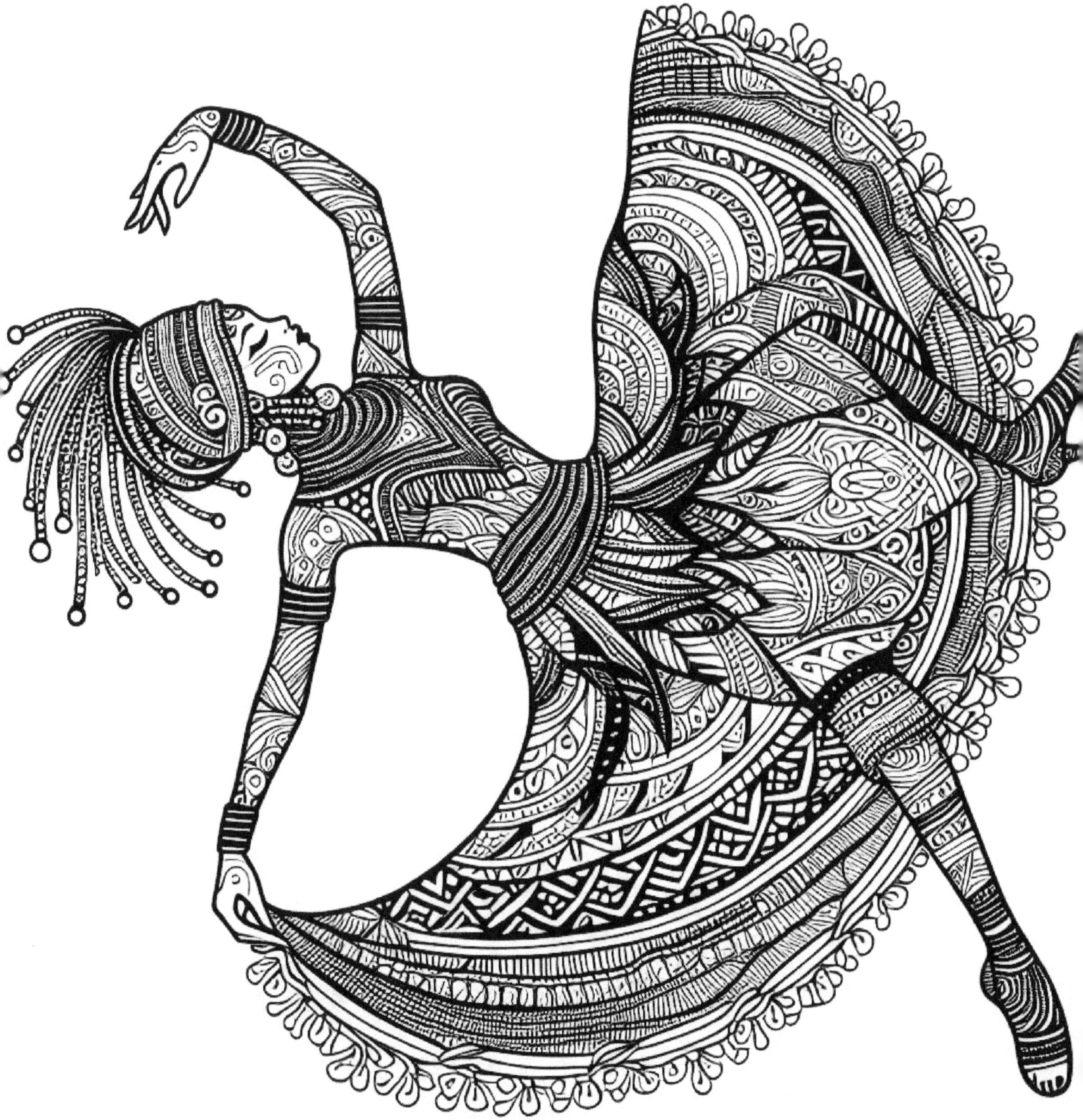

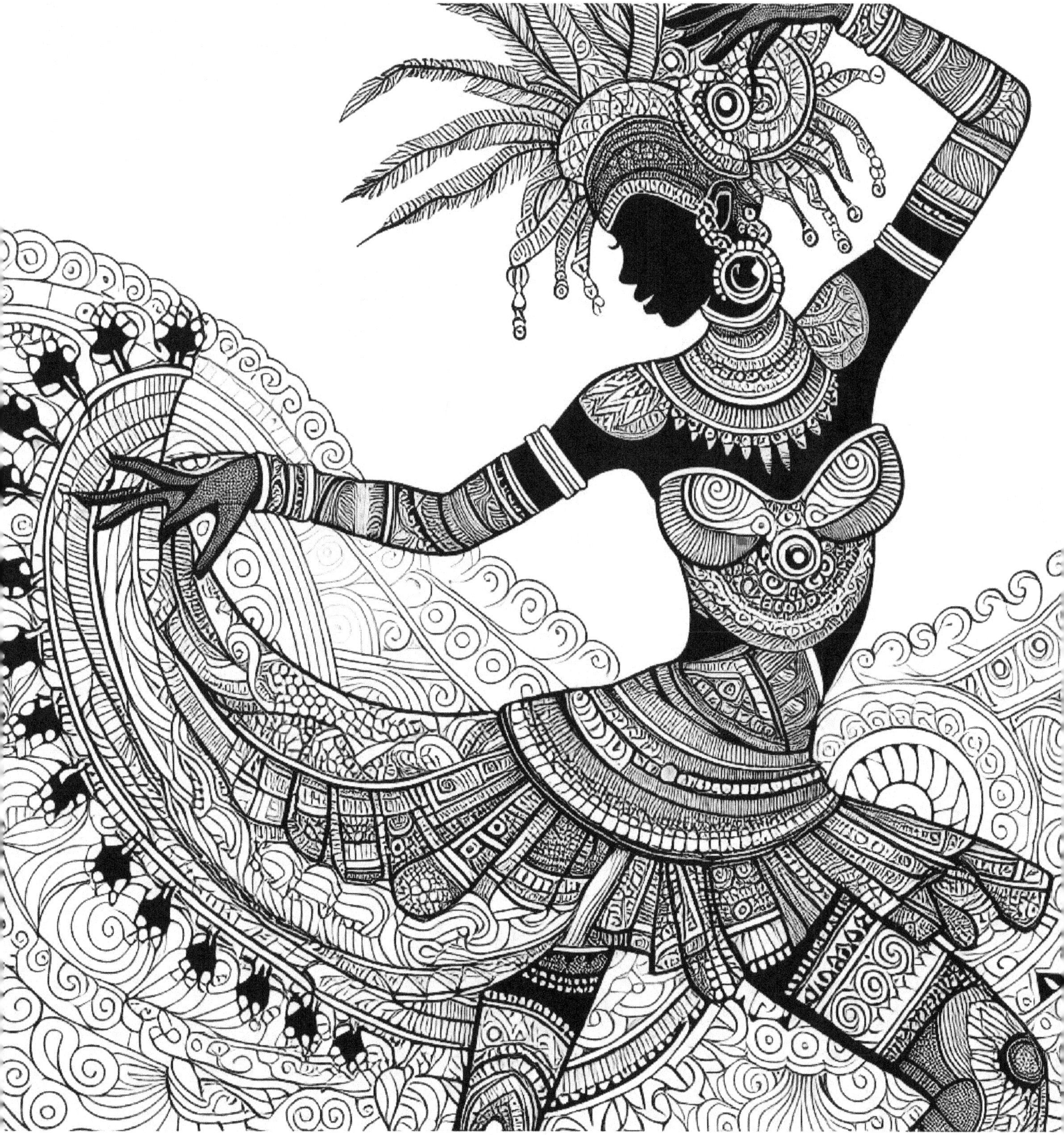

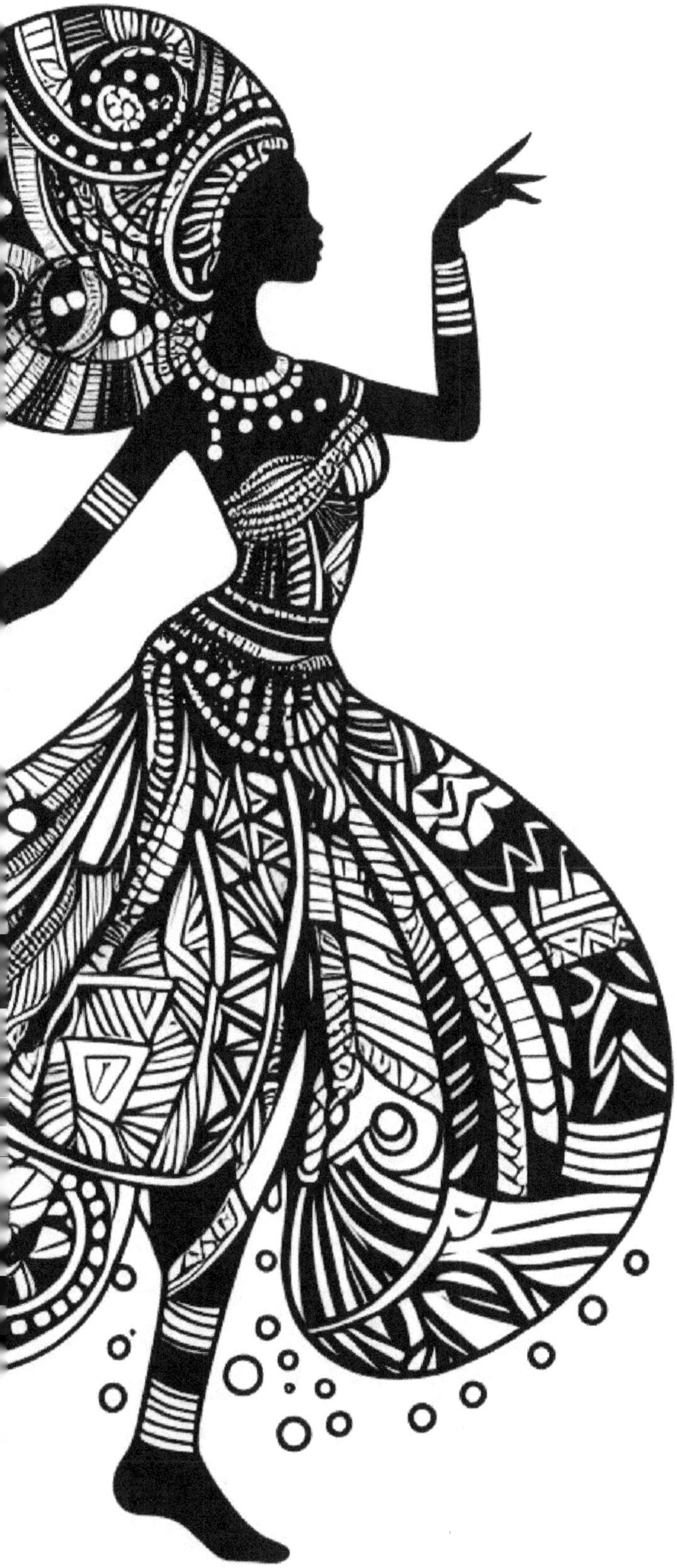

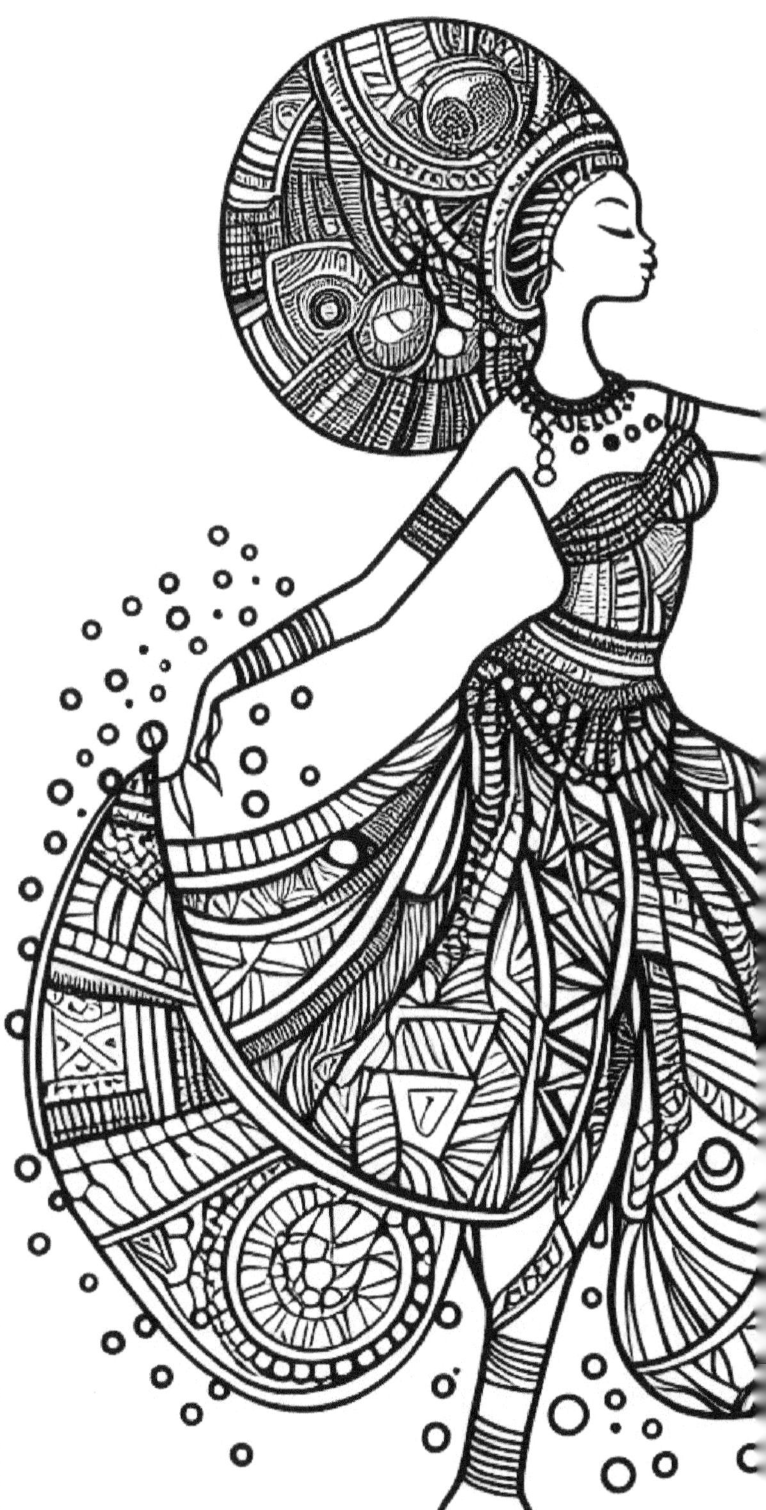

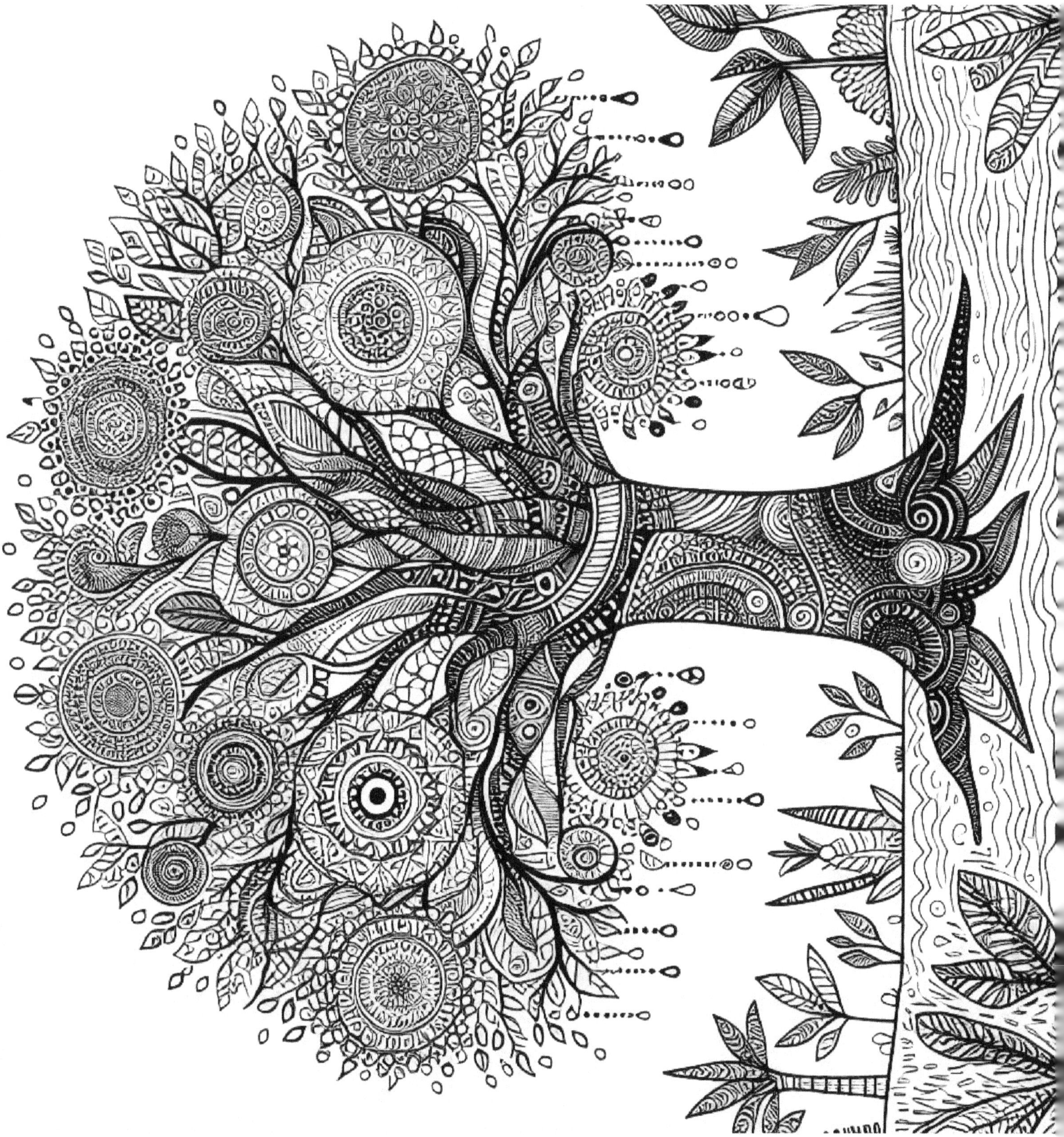

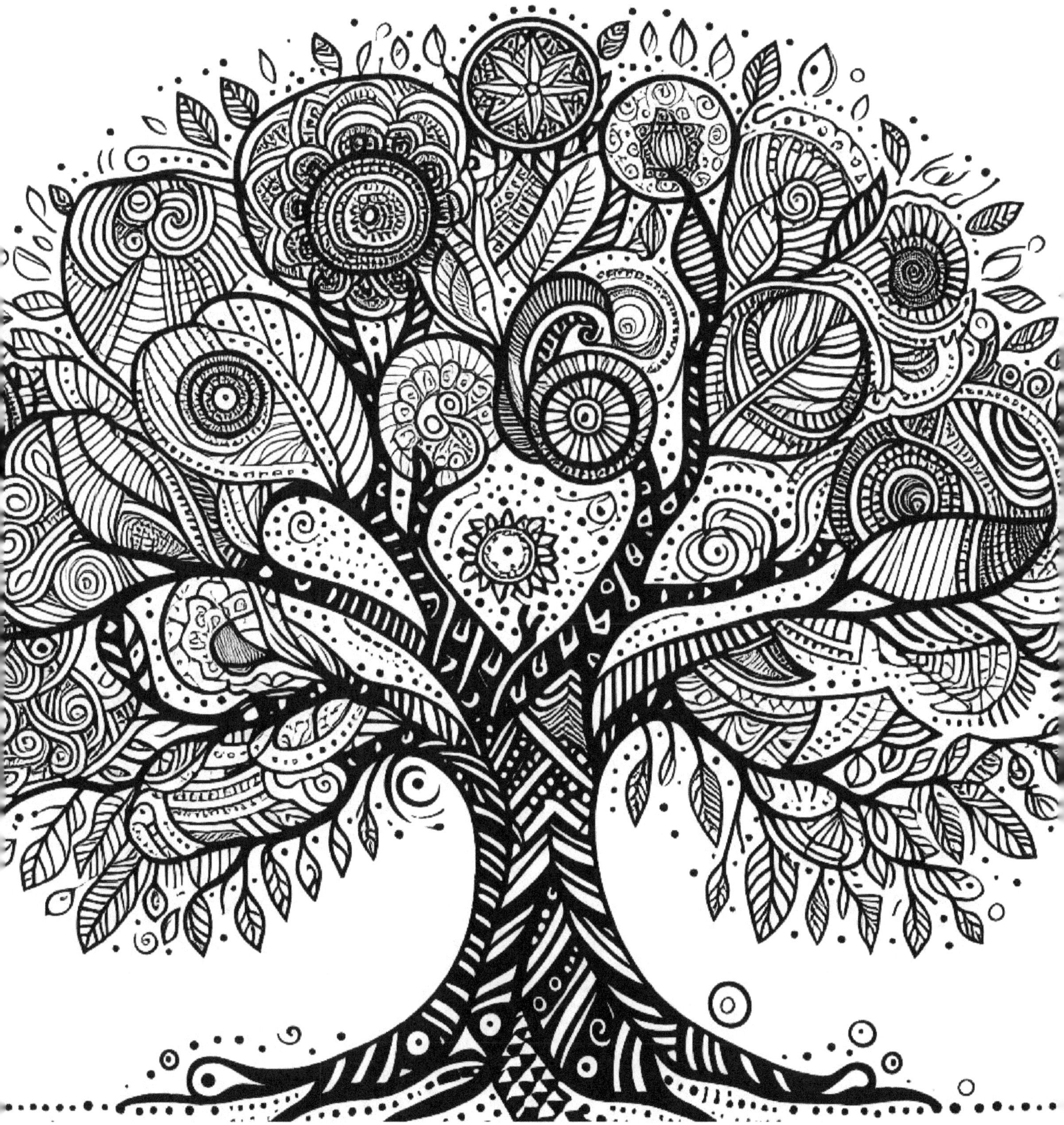

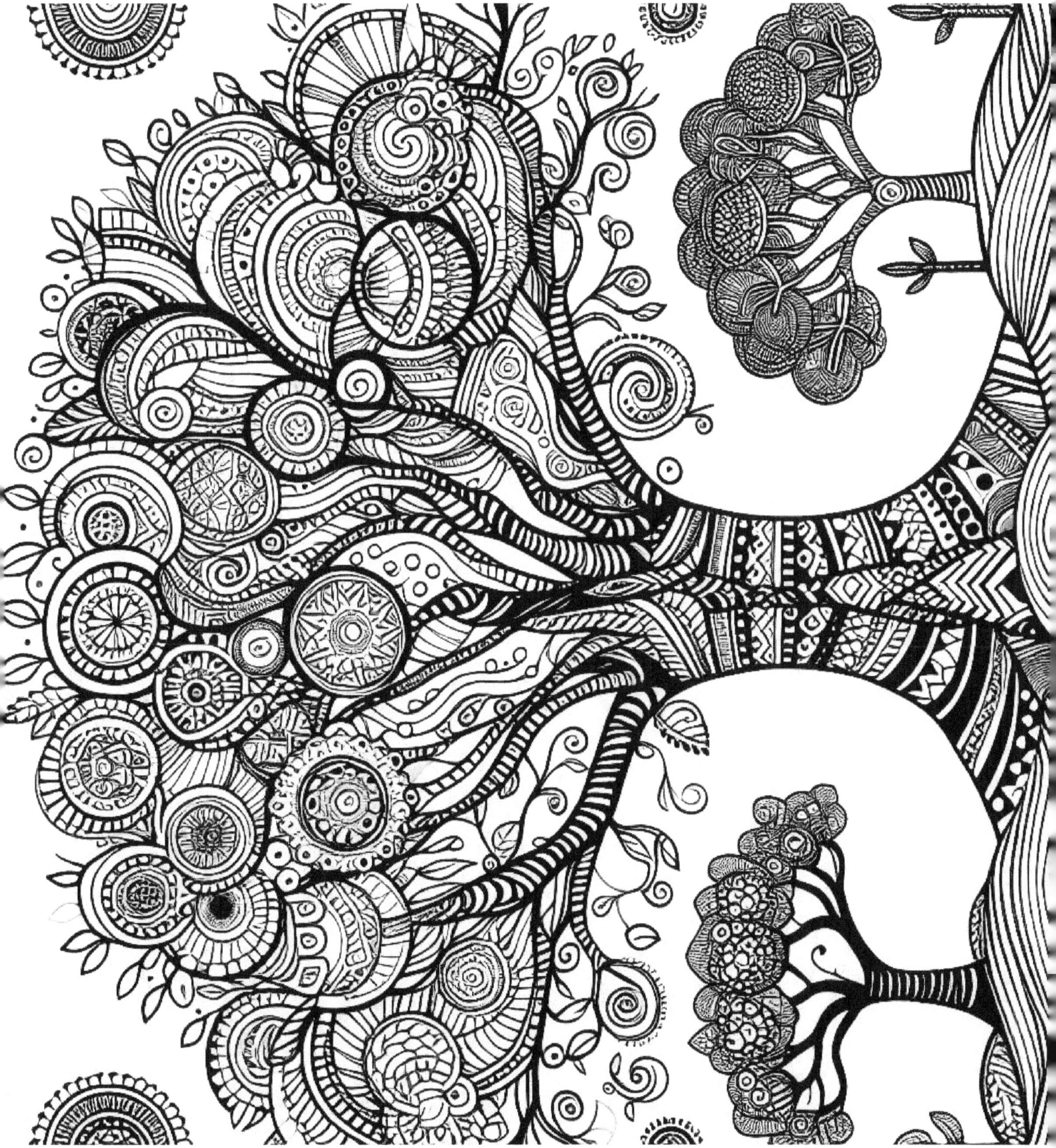

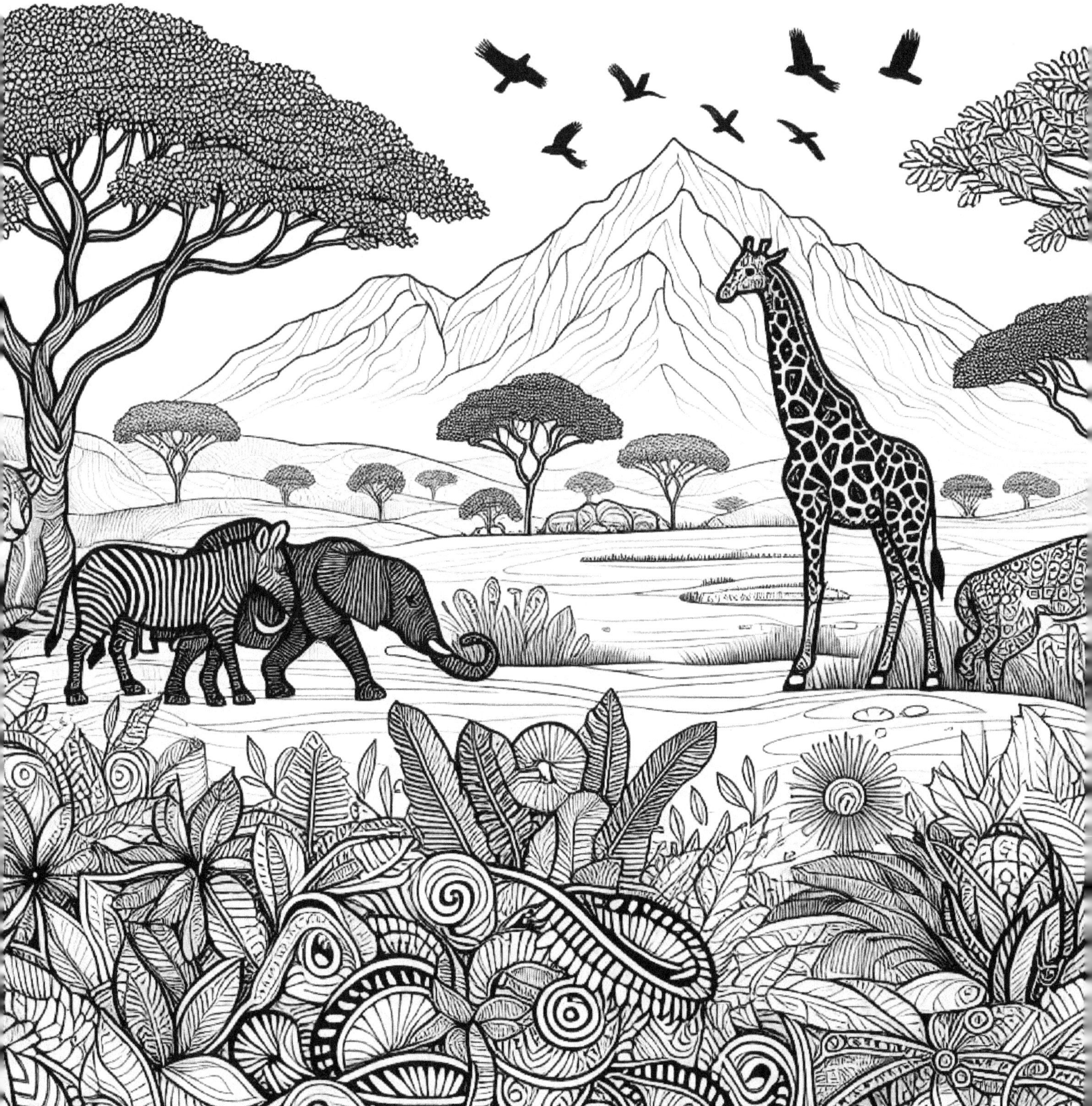

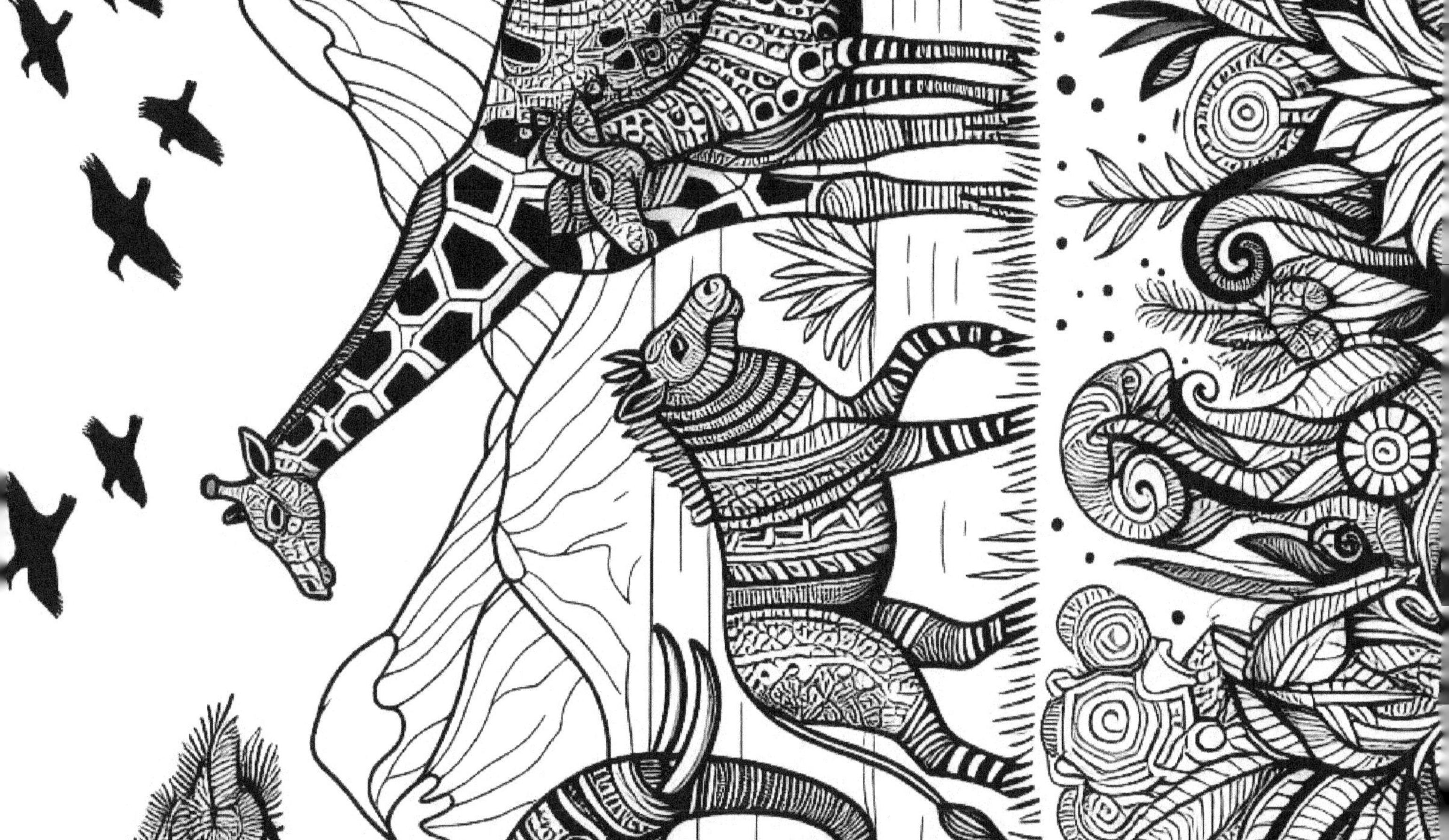

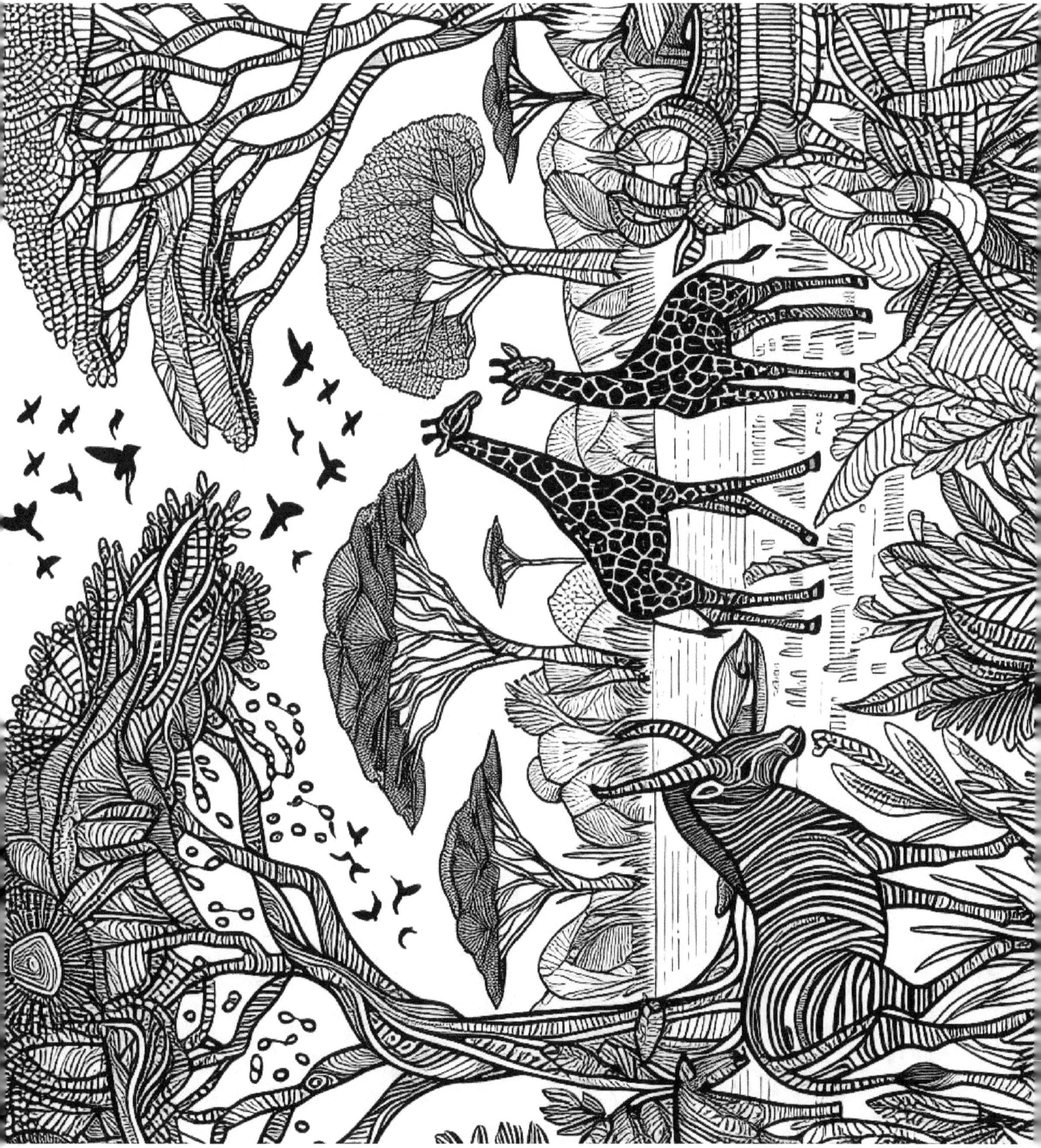

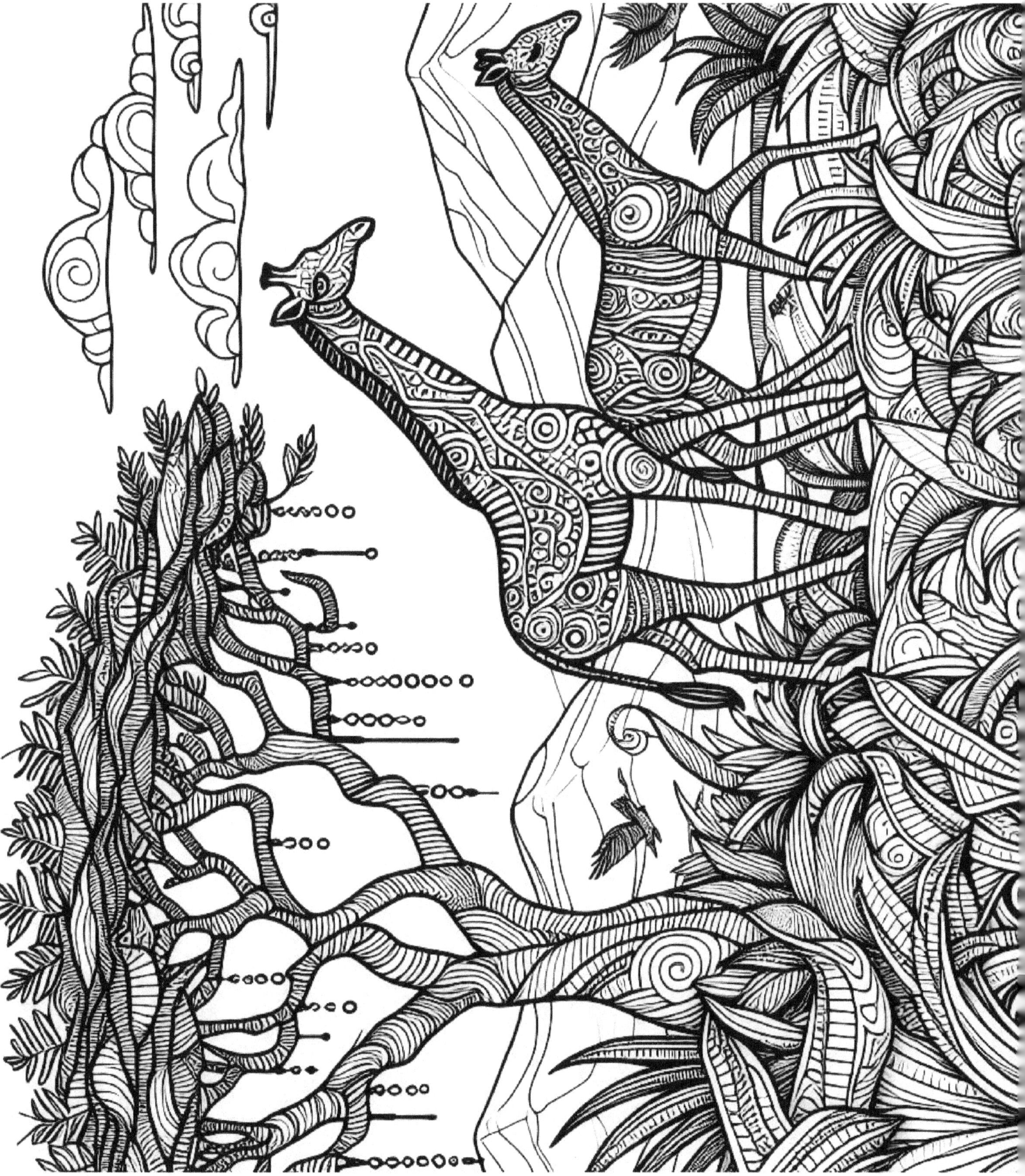

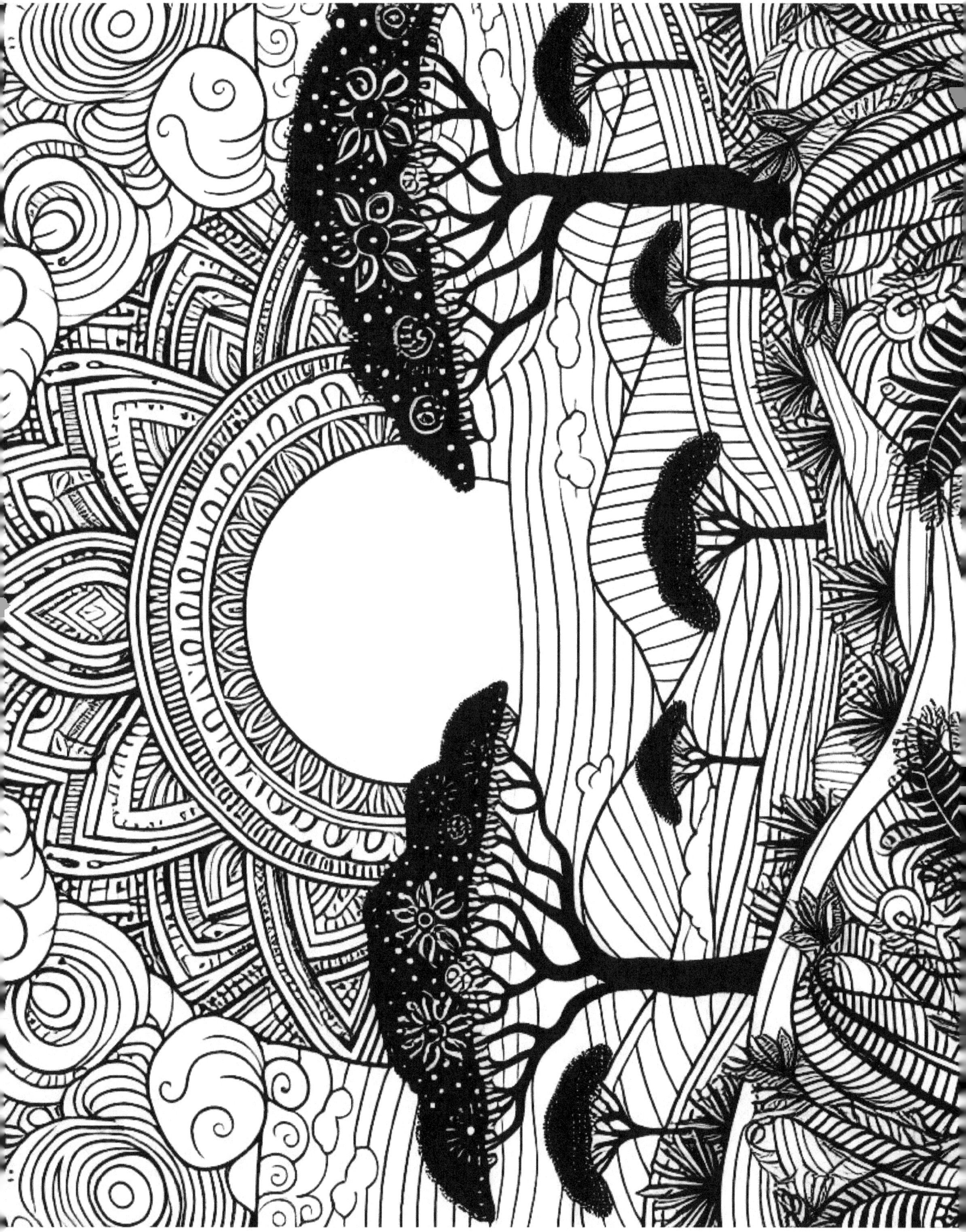

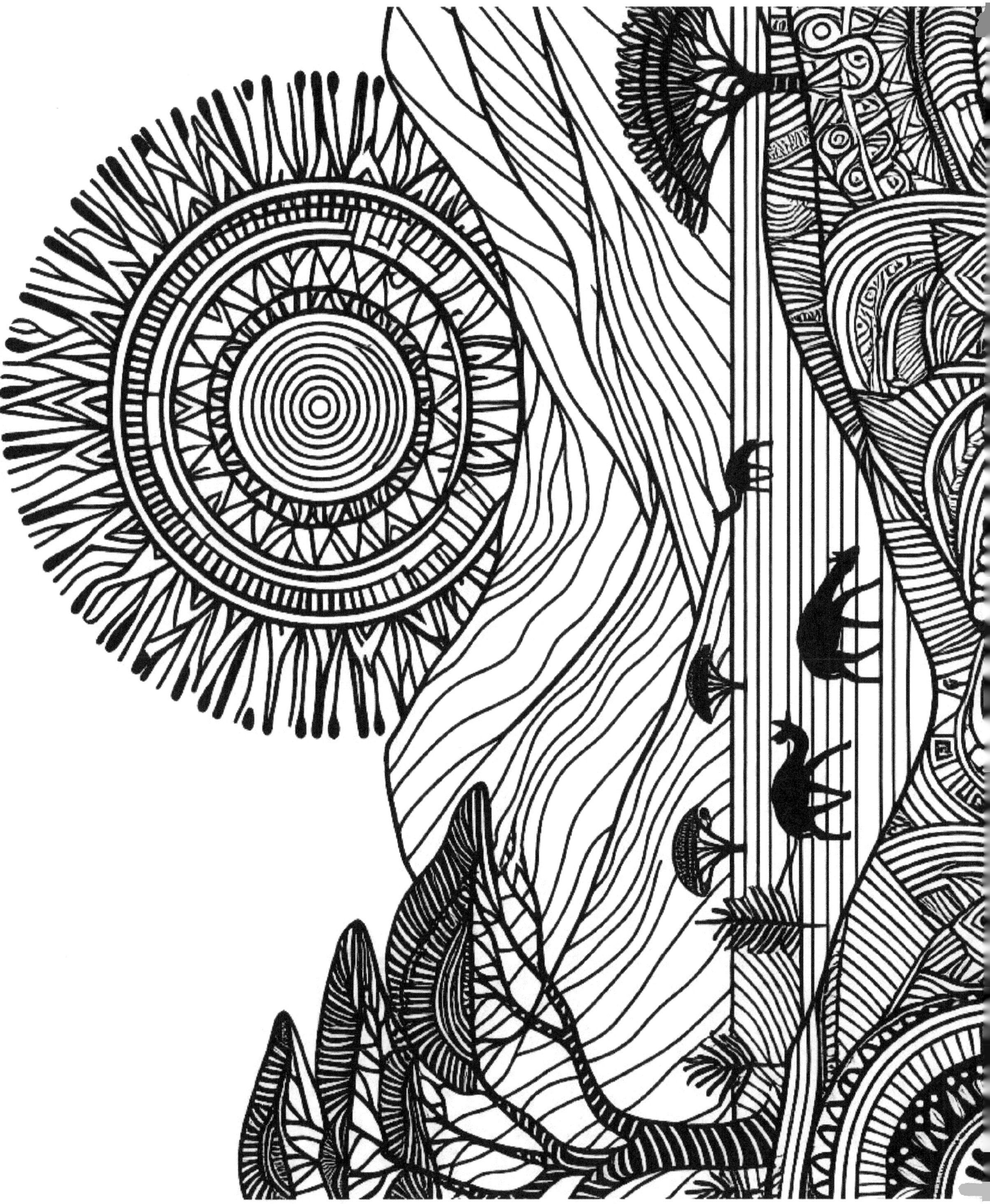

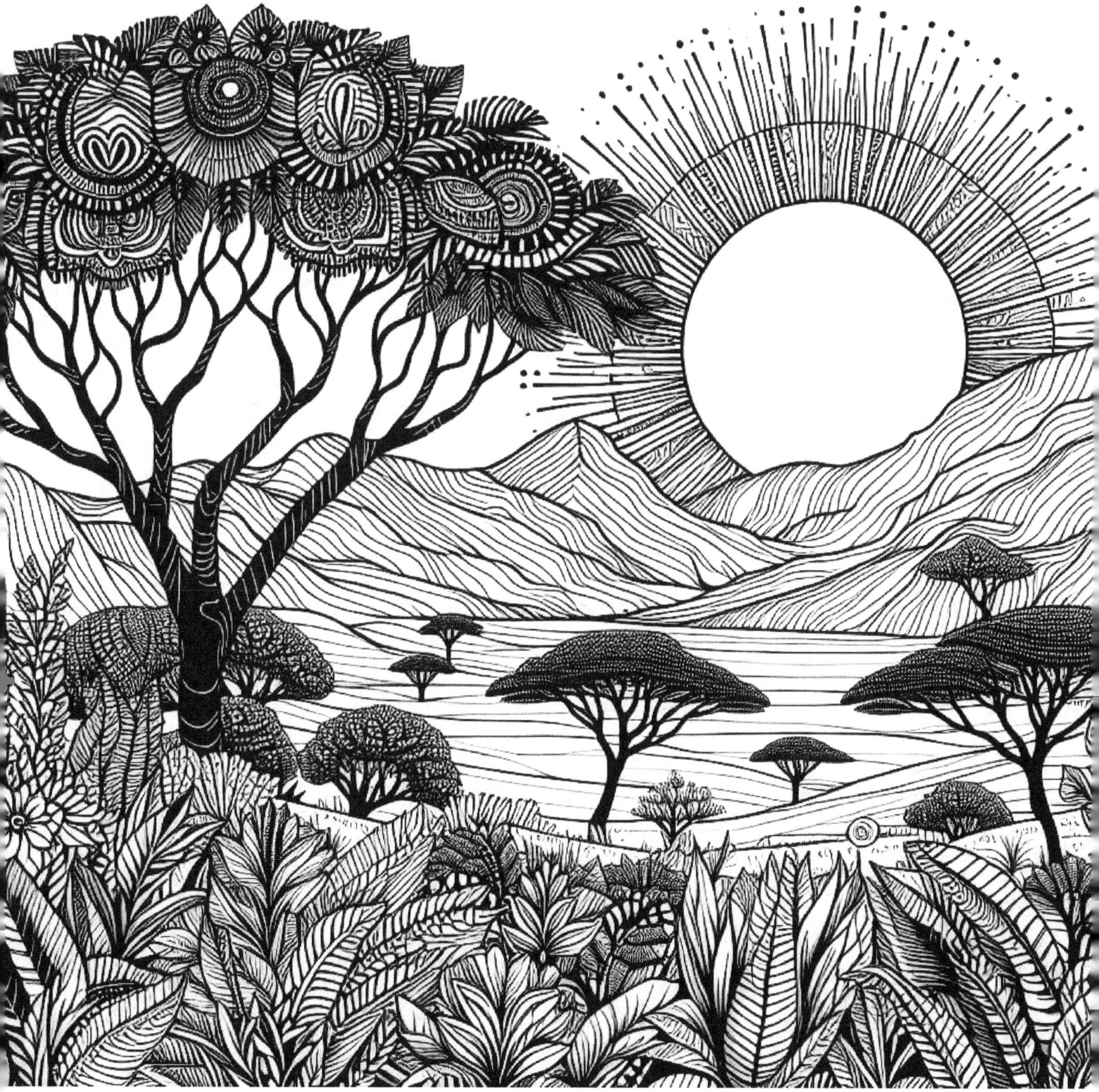

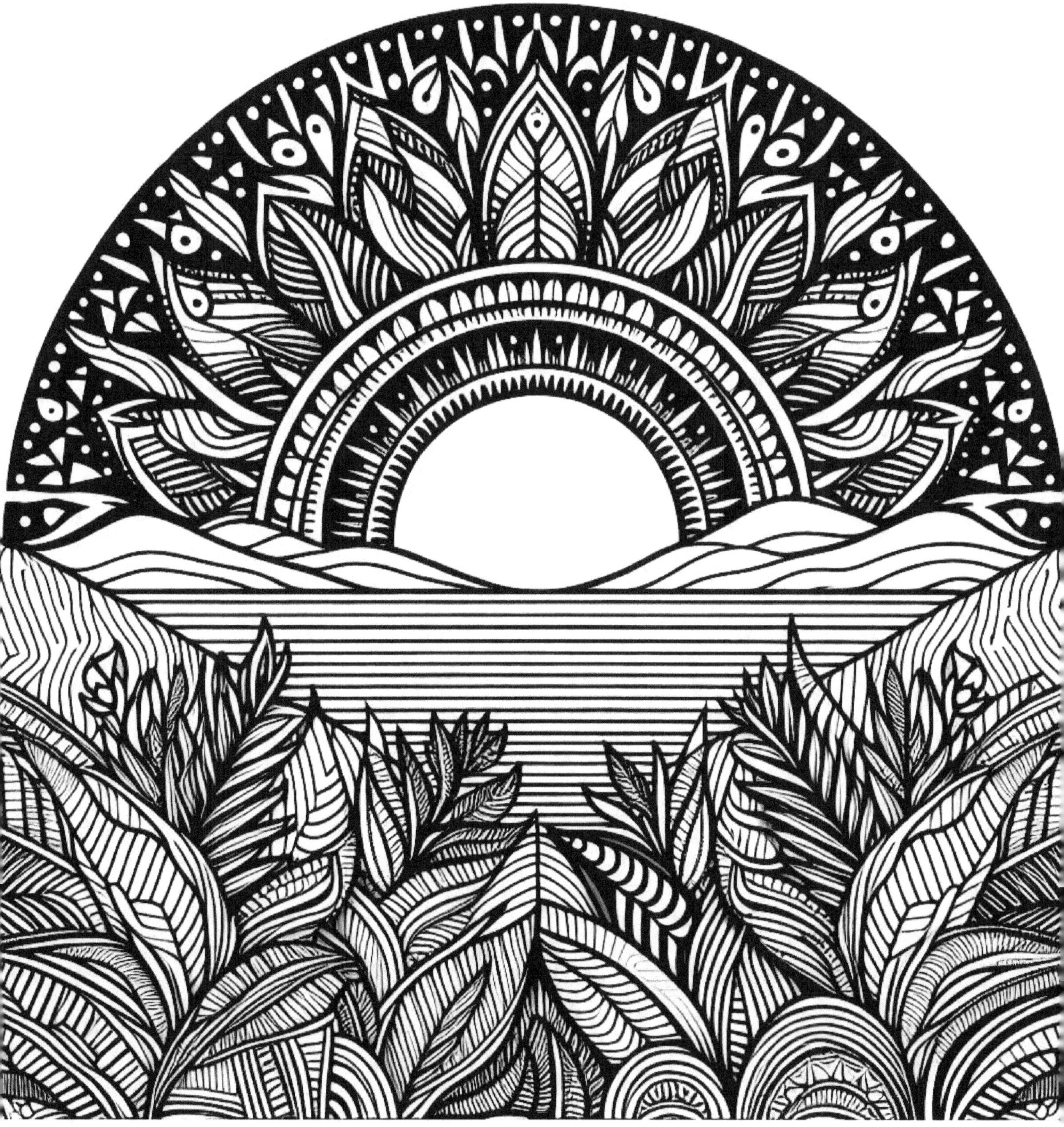

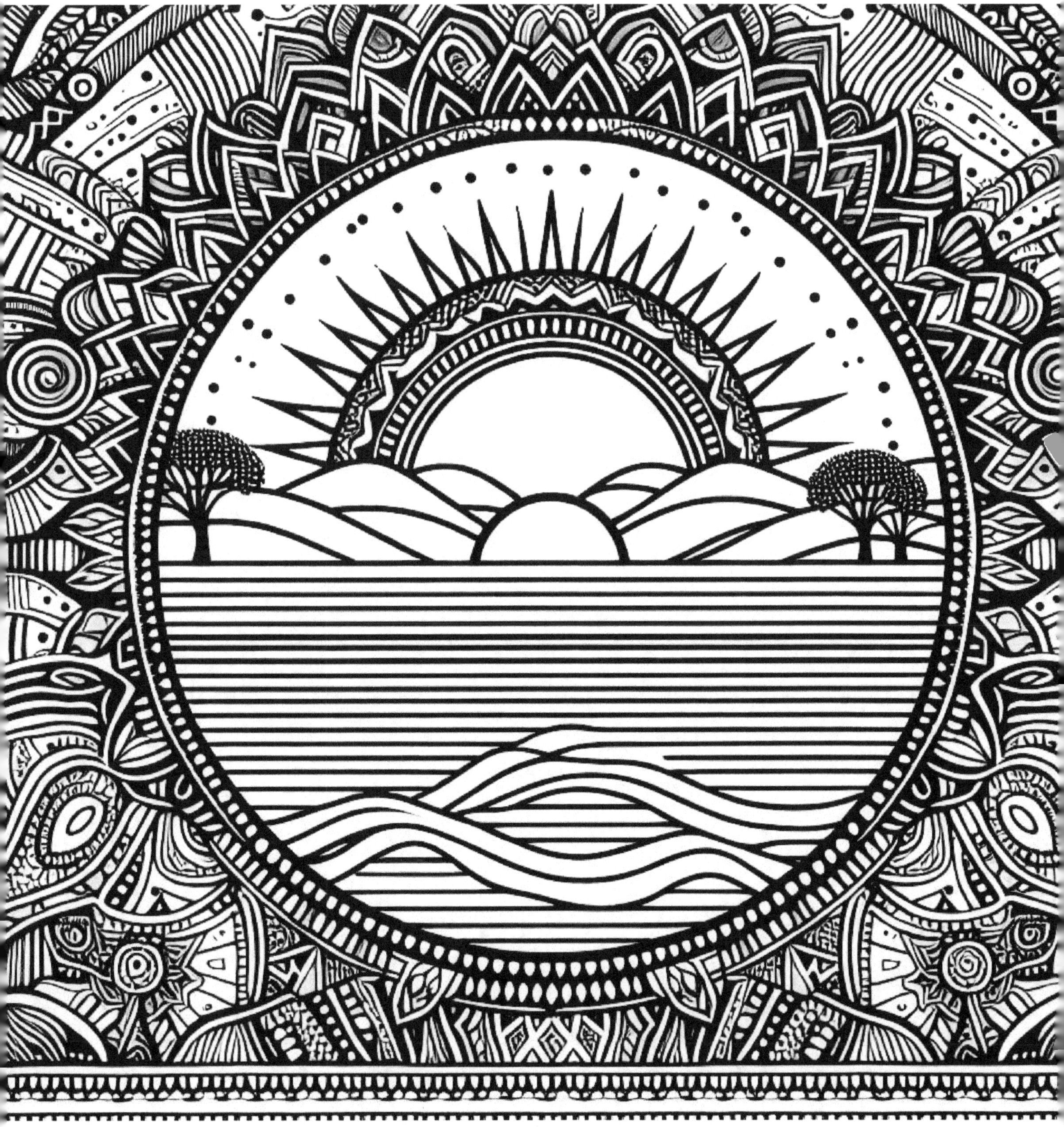

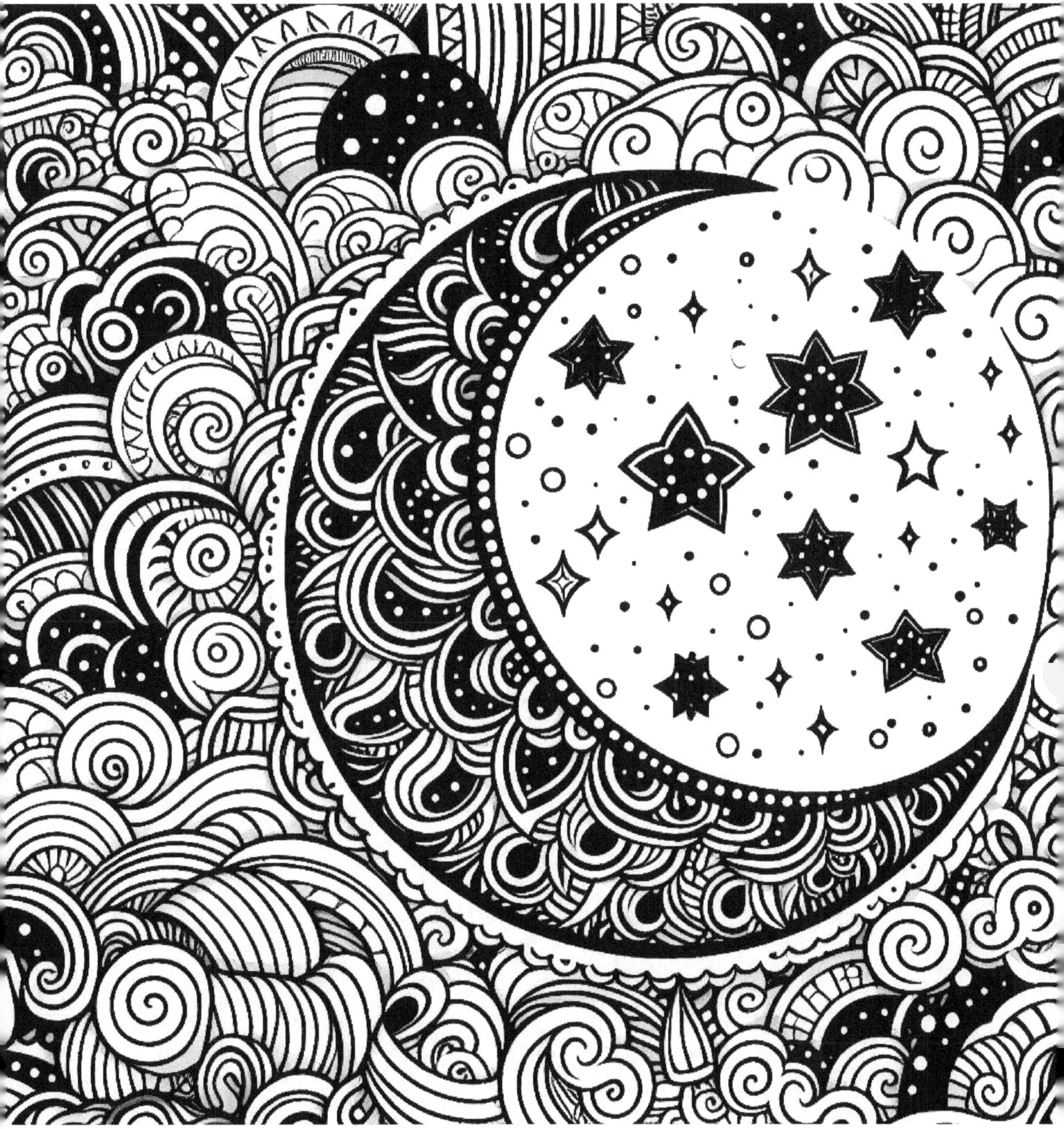

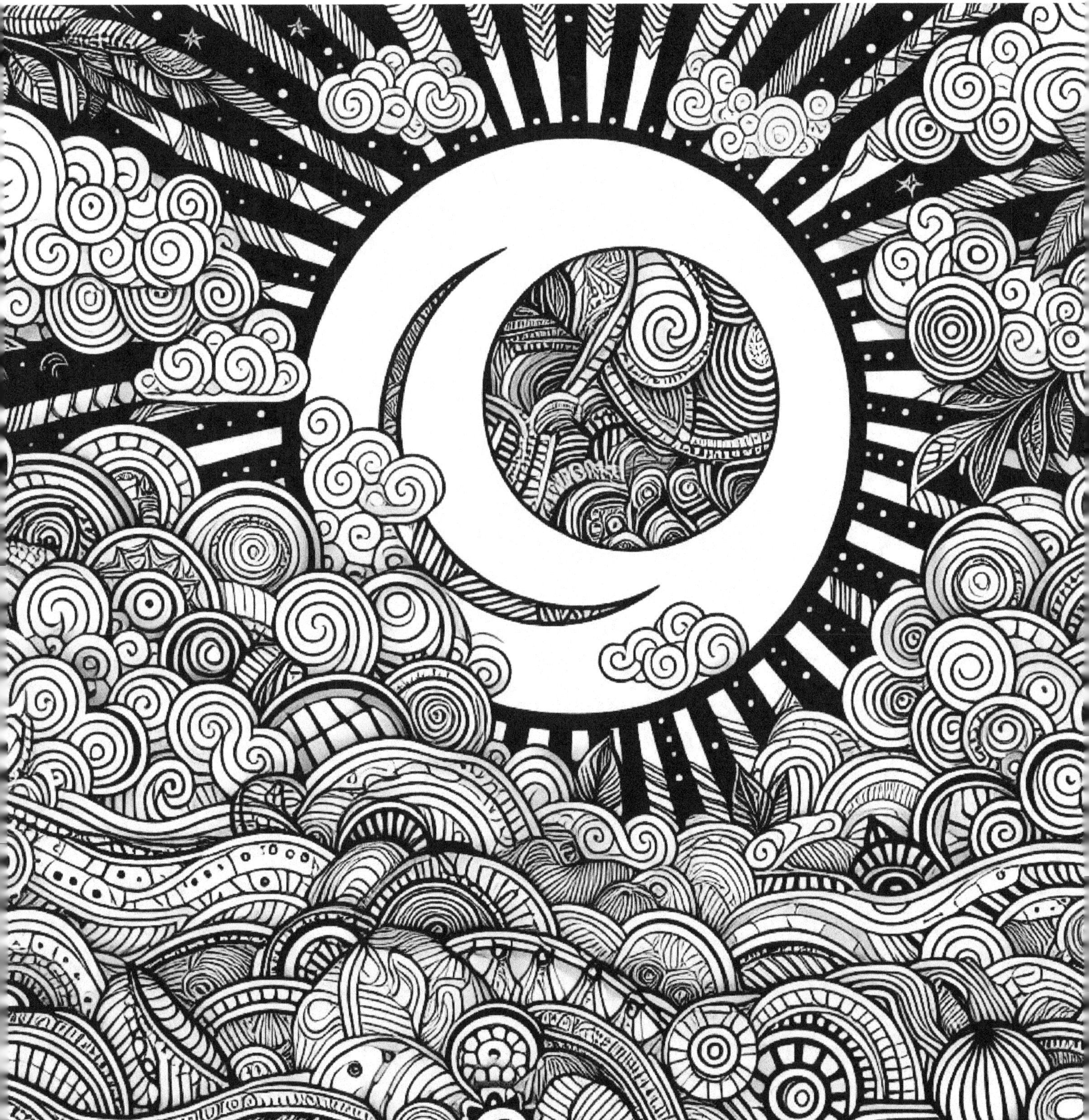

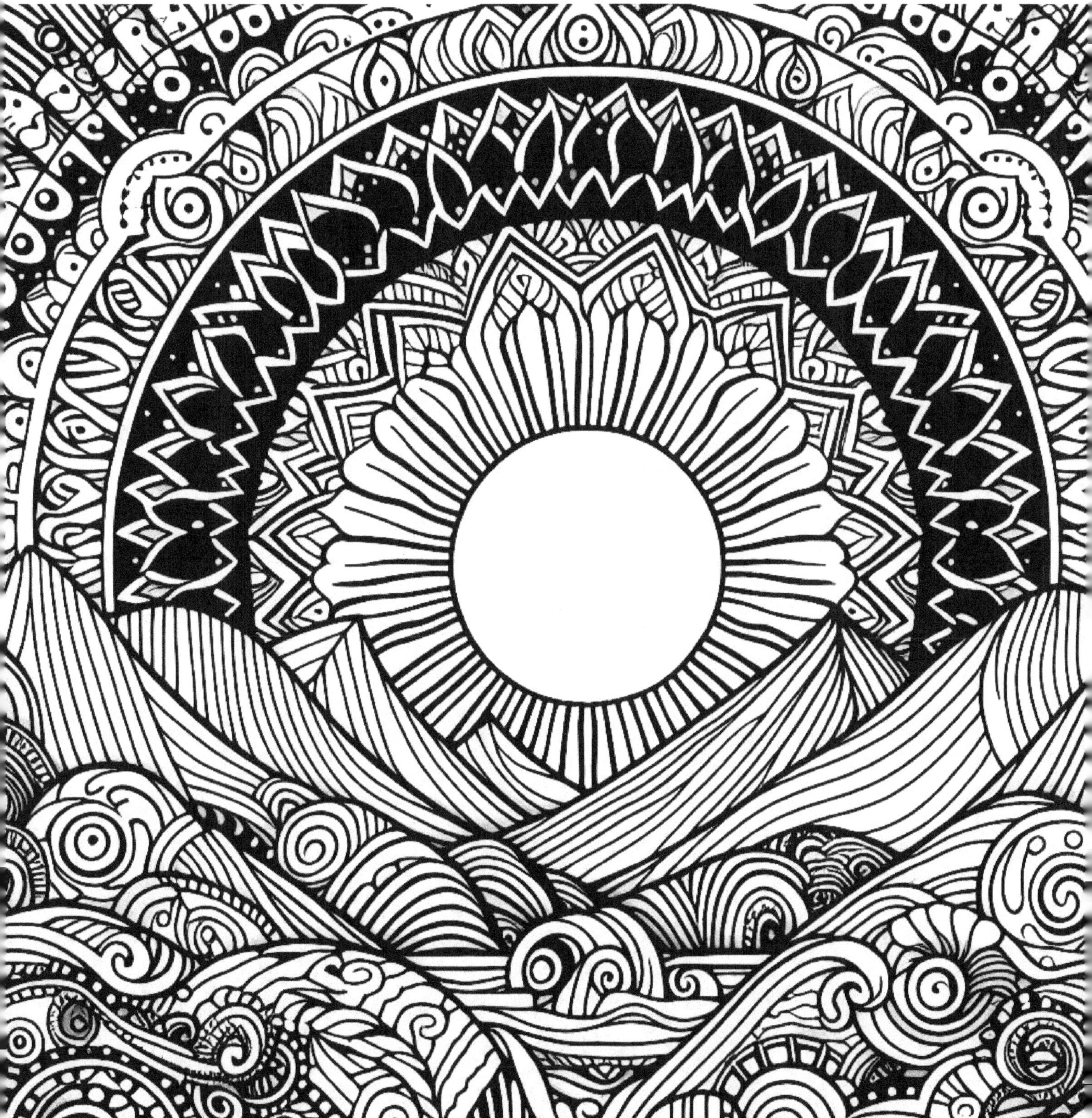

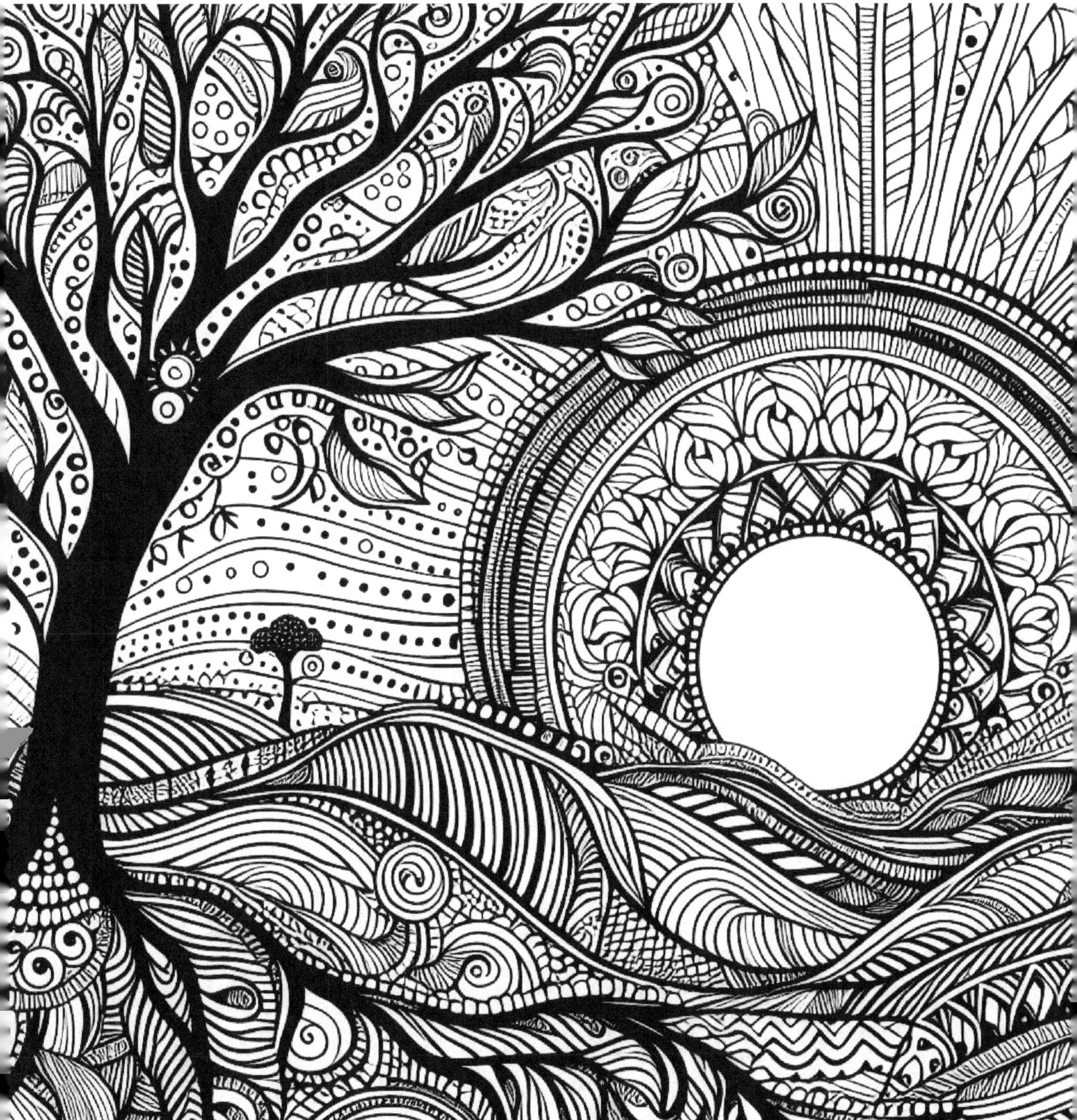

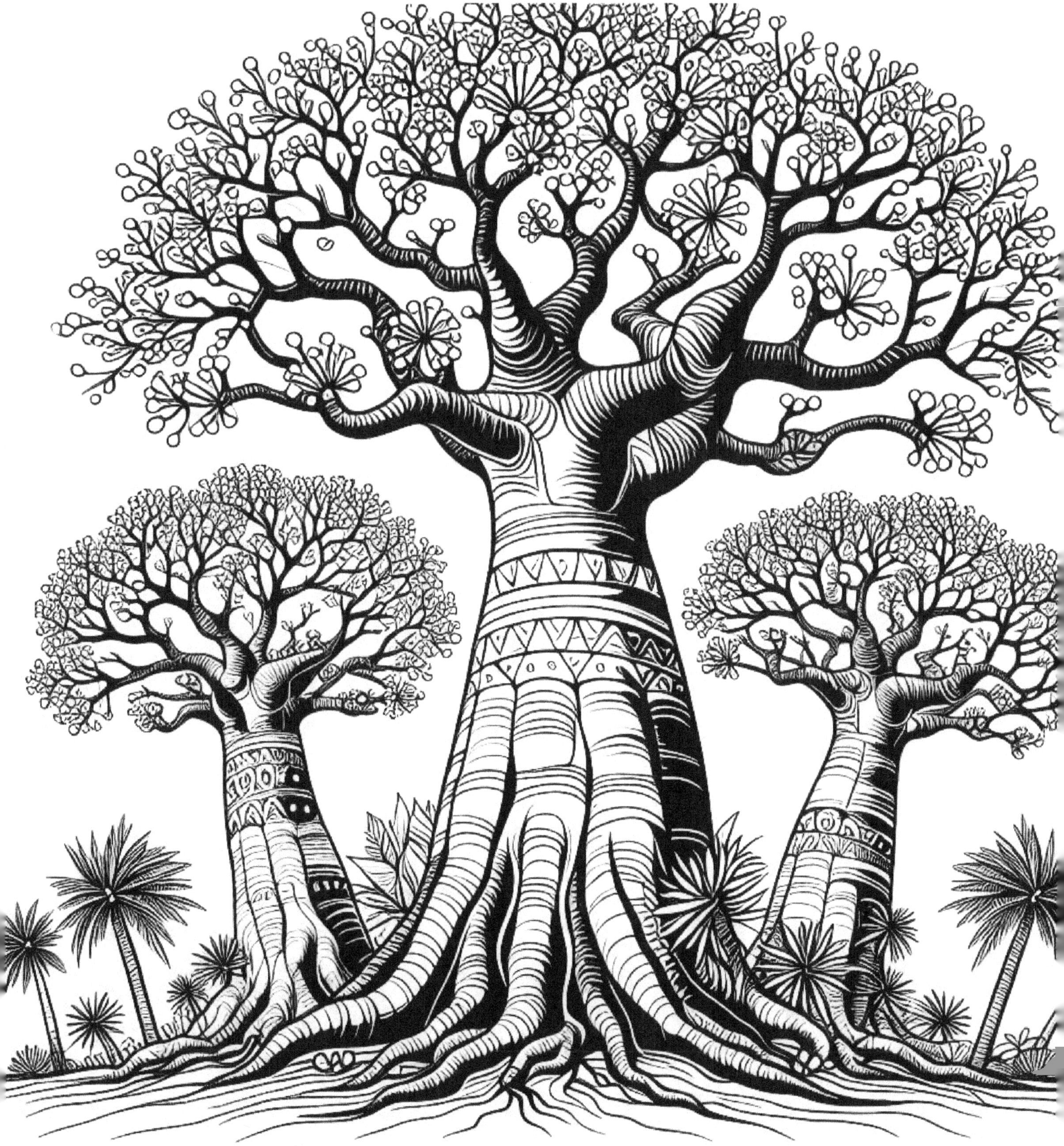

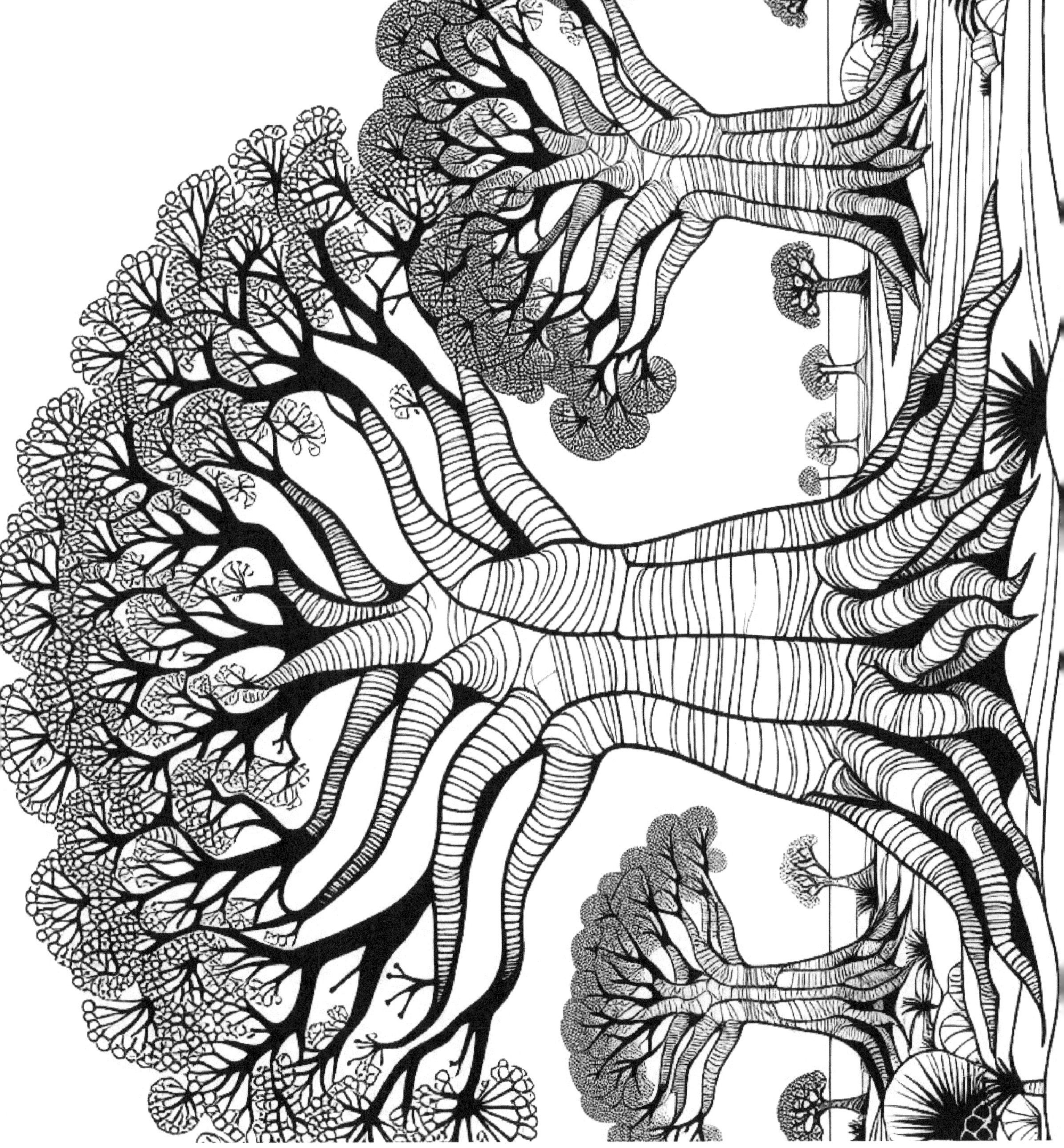

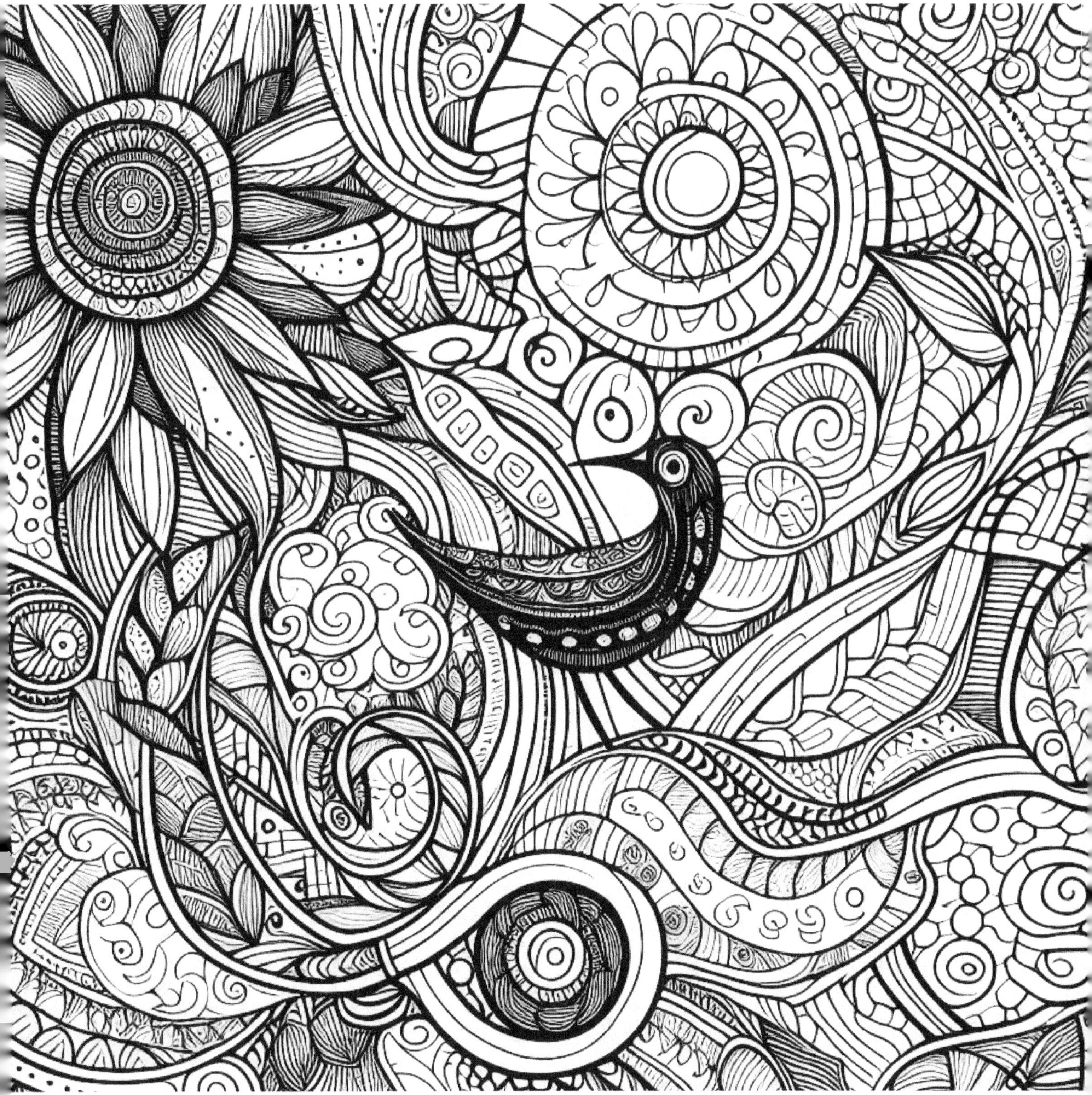

www.ingramcontent.com/pod-product-compliance
Lightning Source LLC
Chambersburg PA
CBHW080955290526
45795CB00009B/2964